Ai miei genitori

Marco Felicioni

Il canto del vento

Mitologia, organologia e linguaggi
dei flauti della storia

PATROCINIO

Centro Etnomusicologico d'Abruzzo (C.E.d'A.)
Museo Civico - Comune di Pineto (TE)
Direttore - Dott. Carlo Di Silvestre, Etnomusicologo

In copertina:
Gli impulsi della musica - Francesca Felicioni (2015)

Testo disponibile in formato E-book
www.lulu.com

ISBN 978-1-326-29748-0

Casa editrice e distribuzione
Lulu Press, Inc | 3101 Hillsborough St. | Raleigh | NC | 27607-5436

RINGRAZIAMENTI

Ringrazio per la preziosa collaborazione e il supporto tecnico:
Alberto Romano, Amerigo Orlando, Monsignor Angelo Masciarelli, Antonello Di Matteo, Antonio Antinucci, Bahram Tirband Pey (detto Meysam), Carlo Di Silvestre, Claudio Colombo, Comune di Pineto, Emiliano Giannetti, Fabio Di Natale, Fabio Menaglio, Francesca Felicioni, Gemma Lonardi, Giovanni Brugnami, James Galway, Kaoru Arima, Lorenzo Squillari, Luca Dragani, Mimmo Felicioni, Ornela Koka, Pablo Tito, Ralph Sweet, Roberto Torto, Samir Ferjani.

INDICE GENERALE

CAPITOLO V
- **Il Flauto diritto**

CAPITOLO VI
- **Il Flauto traverso**

CAPITOLO VII
- **I linguaggi**

INTRODUZIONE

Il presente testo tratta la storia del flauto, attraverso l'osservazione degli strumenti più rappresentativi, con un'analisi organologica e mitologica. Sono stati trattati, inoltre, i linguaggi musicali di riferimento. Si è voluta seguire una visione globale del flauto, senza limitazioni di tipologie dettate dalla fisica o semplicemente dal tipo di imboccatura, considerando flauti traversi, diritti e obliqui, provenienti da varie epoche e da vari territori. La trattazione dei vari argomenti intende quindi ricostruire un quadro storico mondiale del flauto, con uno sguardo attento sia alle culture musicali europee che a quelle extraeuropee, soffermandosi in particolare sugli strumenti che hanno rappresentato maggiormente la dimensione spirituale ed evocativa; per questo è stato scelto il titolo *Il Canto del Vento*.

L'intento è quello di proporre un vero e proprio viaggio nel mondo di strumenti e stili generalmente poco noti e praticati, attraverso l'esplorazione dei flauti che hanno segnato la storia della musica colta e popolare.

La presentazione degli strumenti è stata concepita analizzando i materiali e la fattura dei vari flauti, con illustrazioni di leggende mitologiche, mistiche ed aborigene, con rimandi e citazioni sulla nascita e lo sviluppo degli strumenti, con i tratti caratteristici delle rispettive prassi esecutive.

All'interno delle pagine di questo libro, vengono dunque presentati ed illustrati strumenti che, pur essendo molto differenti tra loro, vengono raggruppati nella famiglia del flauto; chiamati in realtà con nomi diversi ma tutti

classificati come flauti. La spiegazione di questa cataloga-
zione si riferisce all'analisi fisica del fenomeno della produzione del suono; infatti, se è vero che nei vari flauti si
riscontra un differente modo di generare l'effetto acustico
(riferito all'approccio che l'esecutore deve avere), risulta
analogo l'aspetto prettamente fisico dell'elemento carat-
terizzante di un qualsiasi flauto, costituito dal bordo sottile e affilato sul quale si infrange l'aria (sia che si tratti di
imboccatura diretta, a tacca o a fessura interna). Proprio
per questo, i flauti di così distante natura mantengono ac-
comunata l'appartenenza alla stessa famiglia.

Il lavoro di stesura del presente testo, strettamente legato al personale progetto di ricerca denominato "Il Canto del Vento", è il frutto di un lungo e accurato studio sto-
rico-strumentale, supportato dalla ricerca sul campo per
acquisire le informazioni riferite alla fattura degli strumenti, unitamente alle componenti evocative e alle regole
della prassi esecutiva. Tutto ciò ha spinto il sottoscritto a
scoprire, studiare, analizzare e collezionare i vari flauti, in
un percorso che si è rivelato man mano più interessante e
stimolante, nello studio scrupoloso di ambiti e strumenti
straordinari.

I
Origine ed evoluzione

Il flauto è uno strumento antichissimo che nel corso del tempo ha subito notevoli trasformazioni. Una lunga e articolata evoluzione, passata attraverso le svariate metodologie di costruzione, l'impiego dei diversi materiali e l'utilizzo dei flauti e della musica stessa nelle diverse civiltà, avrebbe portato ai risultati che oggi conosciamo e che riscontriamo negli attuali strumenti moderni.

Molti popoli delle civiltà antiche hanno adottato strumenti appartenenti alla famiglia del flauto, sia diritti, traversi che obliqui. Il flauto nell'antichità è stato con certezza lo strumento che più di ogni altro ha messo in contatto l'uomo con il divino, con la metafisica e con l'evocazione spirituale; lo strumento che ha rappresentato una costante nelle cerimonie delle culture più arcaiche dell'uomo e che ciascuno dei cinque continenti ha elaborato e modificato.

In base alle ricerche dei più autorevoli studiosi è possibile affermare che il flauto è il più antico strumento melodico creato dagli uomini; un esemplare in osso ritrovato in Svezia, con un'età stimata tra i 30.000 e i 37.000 anni, ne è la sorprendente testimonianza; ma un altro esemplare in osso (appartenente ad una tipologia estinta di orso), rinvenuto in Slovenia nel 1995 e datato tra i 43.000 e gli 82.000 anni, ne conferma l'impressionante antichità. Anche se non completamente integro, questo ultimo strumento riesce comunque a produrre vari suoni; qualche studioso ha avanzato l'ipotesi che detti suoni potrebbero appartenere alla metà superiore di una moderna scala diatonica.

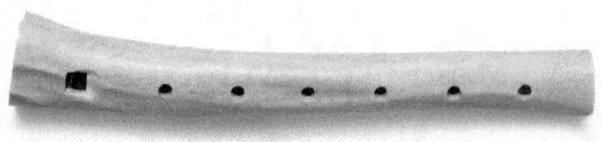

Flauto diritto in osso di ovino

I flauti furono usati dagli antichi cinesi con i nomi di Jo e Tsche, dagli egizi chiamati Mem e Sebi, e dagli indiani con la denominazione di Suffarah. Ma è nell'antica Grecia che il flauto acquistò un importante valore in Europa, grazie alla diffusione di due diversi flauti: un primo genericamente definito Aulos ed un altro, meno diffuso, conosciuto con il nome di Flauto di Pan.

Gli *auli* si dividevano in *monauli*, formati da una sola canna, e *diauli* (detti anche flauti doppi), formati da due canne divergenti ma con un'unica imboccatura. Il Flauto di Pan, conosciuto anche con il nome di Siringa (traduzione dal nome della ninfa Syrinx), era invece costituito da un numero di canne inizialmente variabile da tre a nove, digradanti in lunghezza, chiuse da un lato e unite tra loro. La costruzione di questi strumenti greci fu imitata dai romani, che diedero al loro flauto il nome di *tibia*, essendo spesso costruito proprio con delle ossa; strumenti analoghi furono realizzati con la canna o con l'avorio. L'utilizzo della Tibia venne poi a decadere con l'avvento del Cristianesimo e per il flauto si aprì così un lungo periodo di abbandono che durò per quasi tutto il Medioevo.

L'urna (etrusca) del flautista - II Secolo A.C

Bassorilievo bizantino del X secolo
Museo del Bargello di Firenze

La rinascita del flauto ebbe luogo nel 1300 circa, specialmente nei paesi dell'Europa occidentale e centrale. La denominazione per questo tipo di strumento non fu più Tibia, ma in modo definitivo Flauto (dal latino *flatus-flare* ovvero "soffio-soffiare" o, secondo alcuni storiografi, dalla combinazione delle tre note *fa-la-ut*).

Ufficiale con quattro soldati - Daniel Hopfer (1470-1536)

Più tardi, il processo di evoluzione avrebbe dato come risultante l'aspetto degli attuali flauti moderni, appartenente, per quanto riguarda l'Europa, alla storia degli ultimi 500 anni circa. Dallo strumento senza chiavi, il Flauto traverso avrebbe vissuto il suo sviluppo a fianco del suo affine ed antagonista, il Flauto diritto. Entrambi i tipi, con relative famiglie (dette anche consort), sono stati prodotti e classificati in base alle dimensioni e all'estensione degli strumenti. Durante il XV e il XVI secolo il Flauto diritto è stato il più diffuso e popolare, perlomeno in Europa; intorno al XVII secolo invece, il Flauto traverso iniziò ad essere preferito a quello diritto per le sue capacità timbriche e per la possibilità di realizzare con più facilità le variazioni dinamiche. A seguire, nel periodo classico e romantico, il Flauto diritto fu praticamente soppiantato da quello traverso, proprio per le sue qualità sonore e tecnico-espressive. Parallelamente a questo favorevole periodo, nel quale era diventato il principale flauto in Europa, un piccolo flauto traverso, chiamato con il nome inglese di *fife*, era entrato in uso comune nella musica europea, trovando particolare collocazione nelle bande militari. Realizzato in uno o due pezzi e dotato di 6 fori per le dita, il Fife rappresentò l'antenato del moderno Ottavino, detto anche Flauto piccolo.

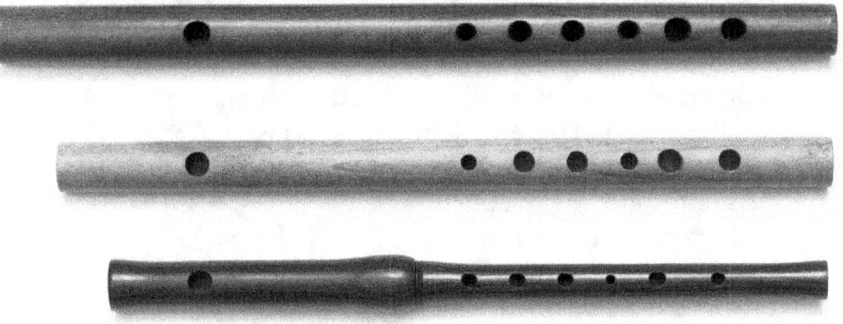

Esemplari di Fife, in ciliegio, acero e palissandro

Verso la metà del Seicento si aggiunse allo strumento la prima chiave, azionata dal mignolo destro. Il flauto traverso ad una chiave è chiamato anche, proprio per il periodo storico a cui è legato, Flauto barocco (o anche Traversiere). Questo primo importante mutamento di questo strumento, con la chiave per ottenere la nota re diesis (o mi bemolle), è stato solo il primo passo per rendere la vita più facile al flautista nel digitare le note sul proprio flauto. Durante il XIX e il XX secolo il flauto traverso visse una condizione di continuo sviluppo, con l'aggiunta progressiva di chiavi con relativi sistemi di diteggiatura. Nel 1831 il brillante flautista e costruttore tedesco Theobald Boehm iniziò a sviluppare il nuovo sistema di chiavi, che ancora oggi troviamo sui nostri flauti moderni. Il suo progetto, perfezionato nel 1878, utilizza un sistema radicalmente nuovo con delle diteggiature che avrebbero consentito ai flautisti di effettuare più facilmente cromatismi e di suonare agevolmente in tutte le tonalità. Grazie alle qualità dello strumento sistema Boehm, questo tipo di flauto divenne il principale modello usato in Europa e successivamente in tutto il mondo. Sebbene il flauto traverso con questo sistema sia il più popolare strumento usato oggi, il suo "cugino" diritto continuò a convivere nei vari ambiti stilistici, con vari tipi di flauti, ancora molto diffusi e popolari e appartenenti alle varie culture etniche. Uno di questi è quello irlandese (detto Penny whistle, Tin whistle o semplicemente Whistle), ma ne esistono tanti altri che verranno successivamente trattati.

Piccoli e grandi strumenti, diritti, traversi, obliqui, doppi e di svariata fattura; una grande varietà di strumenti realizzati in vari materiali: osso, canna, pietra, bambù, legno, argilla, porcellana, avorio, cristallo, metallo, fino ad arrivare, in era moderna, ai metalli preziosi e materiali sintetici.

II
Mitologia e spiritualità

Il fascino e l'importanza del flauto sono ben conosciuti e apprezzati in molte culture. È risaputo che questo strumento è associato ad alcune delle più importanti divinità e non sarebbe divenuto e nominato "flauto magico" senza la lunga storia di credenze e leggende. Proprio in Europa, uno dei flauti più rappresentativi prende il nome dal dio greco Pan: il Flauto di Pan, appunto. È comunque sorprendente notare come varie culture e religioni includano il flauto nel loro mondo e nella pratica religiosa, come per Krishna e l'Induismo. Krishna ha un flauto chiamato Bansuri, che è una sorta di tubo magico, con cui incanta gli animali e gli esseri umani. Egli è noto come il pastore con "il flauto che bacia la sua bocca rosea" [1]. In un altro continente incontriamo Kokopelli, divinità americana; egli, secondo le credenze, influenza la sessualità umana e la riproduzione degli animali. Prime tracce del suo caratteristico profilo appaiono nella parte sud-occidentale del Nord America più di 1000 anni fa. Molte leggende sono associate a divinità o esprimono la magia del flauto in vari modi; leggende molto diverse tra loro in diverse parti del mondo, come ad esempio la tragica storia d'amore che racconta la nascita della Quena, il più caratteristico flauto del Sud America. Nell'estremo oriente si concentra maggiormente la presenza del valore spirituale ed evocativo della musica e del flauto; ad esempio, la considerazione delle qualità speciali dei suoni per l'antico popolo cinese

---

1 - A. C. De Bhaktivedanta Swami Prabhupada, *Il libro di Krishna*, Bhaktivedanta Book Trust, Roma 1978

era talmente alta che si attribuiva alla musica la capacità di contribuire a mantenere tutti gli esseri in perfetto accordo con l'armonia cosmica. Così il sovrano dell'antica Cina, capo del sistema modellato secondo l'ordine del cosmo, faceva ascoltare un determinato tipo di musica ai suoi sudditi, per infondere in loro armonia e virtù. Il famoso filosofo cinese Confucio affermava infatti "siamo destati dai canti, temprati dal rituale e perfezionati dalla musica" [2], nel voler sottolineare il ruolo della musica, quale strumento a disposizione del sovrano per poter perfezionare e trasformare il proprio popolo. L'accordatura degli strumenti risultava di enorme importanza ed era effettuata in maniera davvero particolare; secondo la tradizione, il suono di riferimento corrispondeva al tono del famoso uccello mitologico, la fenice (conosciuto oltre che in Cina, anche in Grecia, Egitto e Medio Oriente). Tale suono, riprodotto da un flauto di bambù, trasmise a questo strumento la simbologia di rinascita spirituale ed interiore, tipica della fenice che, come noto, rinasce dalle proprie ceneri. Il flauto si identificò quindi in un autentico strumento che porta al perfetto accordo con l'armonia cosmica. Le manifestazioni dell'unità spaziale ad esso correlate furono: la montagna, quale luogo sacro e simbolo di elevazione; la primavera, stagione nella quale si assiste alla rinascita della natura con le straordinarie trasformazioni; l'Est, punto cardinale e simbolo di rinascita giornaliera (con l'inesauribile potenza e ricchezza del sole).

---

2 - R. DAWSON, *Confucio*, Dall'Oglio, Milano 1982

La fenice

È interessante segnalare che in Cina la controparte femminile del drago è la cosiddetta *fenghuang*, ossia la fenice (sempre riferita al mito cinese). Inoltre, figure serpentiformi di vario genere ricorrono anche nella mitologia germanica, dove il drago appare come custode di tesori o mostro che infesta i territori.

Anche in Giappone compare, oltre al mito della fenice, quello celebre del drago, detto anche dragone. La caratteristica principale di questo mostro marino o rettile è quella di rincorrere una perla di fuoco nel tentativo di ingoiarla; nel momento in cui riesce a farlo il drago vive una sorta di rinascita che lo rigenera completamente. Questo simboleggia anche l'essere umano alla ricerca del proprio sé latente, ovvero nel recupero della presenza divina interiormente celata. Il cosiddetto Riu-teki, "Flauto dragone" o "Flauto del drago", ne è la lampante testimonianza flautistica e musicale. Così, anche il Flauto dragone incarna il significato di rinascita e rinnovamento, oltre che di riavvicinamento al divino.

Dragone - Gemma Lonardi (2011)

Nella mitologia greca, Pan è il dio agreste e pastorale, della caccia e della musica, che vaga per le colline e le montagne di Arcadia suonando il suo flauto e inseguendo le ninfe, suscitando spavento intorno a lui per il suo aspetto (da qui l'origine della parola panico). Infatti, Pan è raffigurato come un piccolo uomo con le corna, le zampe e la coda di capra, la barba folta e le orecchie appuntite.

Antico bronzo – V secolo d.C.   *Pan e Dafni* – II secolo d.C.
Museo Nazionale di Atene   Museo archeologico di Napoli

La Siringa, o Flauto di Pan, è uno strumento costituito da canne di bambù, tagliate secondo differenti lunghezze e disposte una accanto all'altra in ordine crescente, dando vita ad una scala musicale (un tempo di tipo modale ed oggi quasi esclusivamente maggiore). L'antico mito greco della ninfa Siringa (Syrinx) e del dio Pan narra di come ha avuto origine questo strumento. Il dio Pan nacque dal dio Ermes e dalla ninfa Penelope, ed aveva sembianze per metà umane e per metà animalesche; il corpo era coperto di ruvido pelo, aveva delle zanne ingiallite, il mento terminava con un'irsuta barba, dalla fronte si dipartivano due corna ed al posto dei piedi aveva due zoccoli caprini. Pan si innamorò della Ninfa Siringa, la quale, appena lo vide, scappò terrorizzata a causa del suo aspetto. Per non farsi scoprire da Pan, chiese a suo padre Ladone (il dio del fiume) di mutarle la fisionomia. Ladone decise di trasformarla in tante canne e Pan si mise a cercarla fra i diversi canneti; poi recise una canna, la tagliò in vari pezzi con lunghezze diverse legandoli insieme e così creò la siringa.

Ecco come viene descritto Pan nel IX inno omerico

"E là, benché dio, pasceva le greggi lanute presso un

mortale: perché desiderio fioriva languido in lui di giacere in amore con Driope, fanciulla dai riccioli belli. E si strinse con lei nella gioia d'amore. Ed ella poi generò nelle stanze un figliuolo a Ermes diletto, un prodigio a vedersi, col piede di capra, bicorne, strepente, e dolce ridente: fuggì la nutrice il fanciullo lasciando atterrita alla vista di quel volto selvaggio e barbuto. Ma subito Ermes lo prese in sue braccia benevolo: godeva nell'animo il dio. E avvolto il fanciullo con pelle villosa di lepre montana, salì alle sedi dei numi: presso Zeus lo depose e degli altri immortali, e suo figlio mostrò: allegri ne furono i numi tutti, e più d'ogni altro Dioniso amante dell'orgia furente; e Pan lo chiamarono perché il cuore allietava di tutti" [3].

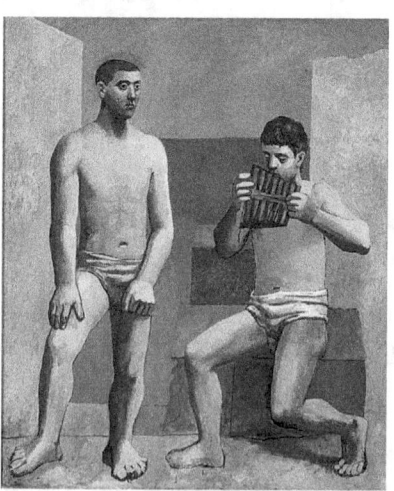

Flûte de Pan di Pablo Picasso (1923)
Museo Nazionale "Picasso" di Parigi

3 - *Inni omerici e Batracomiomachia* (IX Inno), Versione di Enzio Cetrangolo, Sansoni, Firenze 1990

Krishna è una della divinità più popolari e venerate e, per i devoti dell'Induismo, rappresenta l'aspetto materiale di Dio. Egli pascola le mucche in compagnia di Balarama (suo fratello maggiore) e di altri giovani pastori, facendo vibrare il suo flauto sublime. A quel suono le *gopi* (gruppo di pastorelle che incarnano la più alta devozione induista), si mettono a discorrere del suo talento di flautista, descrivendo la dolce melodia del suo flauto; la loro devozione in quei momenti è talmente forte da poter impedire loro l'uso della parola. Krishna, nel pensiero devoto, si veste di un abito splendente giallo oro e una collana di fiori al collo *vaijayanti* (una particolare ghirlanda di fiori); sul capo ha una piuma di pavone e sull'orecchio dei fiori blu, come un danzatore sul palcoscenico.

Immagine di Krishna e Radha

Fascinosamente vestito, Krishna lascia scorrere nei buchi del flauto il nettare delle sue labbra. Magnifico suonatore di flauto, Krishna incanta con il suono del suo semplice strumento di bambù le *gopi* e non solo; le narrazioni delle stesse *gopi* spiegano che tutti gli esseri che lo ascoltano non possono far altro che esserne attratti. Al suonare sublime del flauto di Krishna e di suo fratello Balarama, tutte le creature rimangono come stordite e s'immobilizzano; gli alberi e le piante si mettono a tremare d'estasi e tutta la natura muta seguendo il volere supremo della divinità. Il X canto tratto dal *Srimad Bhagavatam* (uno dei testi sacri di tradizione induista) descrive così la figura di Krishna

"Al sublime suono del flauto di Krishna anche il fiume Yamuna acquieta lentamente le sue onde rapide e prende a scorrere dolcemente... Ogni cosa si riveste di un aspetto meraviglioso quando Krishna attraversa la foresta di Vrndavana, suonando il flauto e facendo amicizia con tutti gli esseri, mobili ed immobili... Quando Krishna suona il flauto i pavoni diventano d'un tratto come pazzi, e quando dalla collina Govardhana e dalla vallata tutti gli altri animali, gli alberi e le piante scorgono la danza dei pavoni, rimangono immobili all'eccelso suono, le cui vibrazioni si trasformano in un flusso di nettare ch'essi sono pronti a bere tendendo le orecchie... Persino gli abitanti dei pianeti celesti subiscono l'incantesimo della sublime melodia del flauto suonato da Krishna, poiché il suo suono pervade tutti gli angoli dell'Universo" [4].

Fra le immagini originarie che sono sopravvissute alla storia antica dei nativi d'America appare il suonatore di flauto di legno del Sud Est. Il suo nome in lingua Hopi, (antico e pacifico popolo nativo), è Kokopelli, che deriva

4 - A. C. De Bhaktivedanta Swami Prabhupada, *Il libro di Krishna*, Bhaktivedanta Book Trust, Roma 1978

da *koko*, cioè "legno", e *pilau*, cioè la "gobba" contenente la sacca che porta con sé. Praticamente sconosciuto in Europa, sin dal 1100 circa fino al 1700, Kokopelli è stato inciso o dipinto sulle rupi e sui massi in svariate forme. Appare inoltre sui vasi dei popoli Hohokam e Mimbres ed è popolare nelle cerimonie, danze, canzoni e storie degli indiani Pueblos.

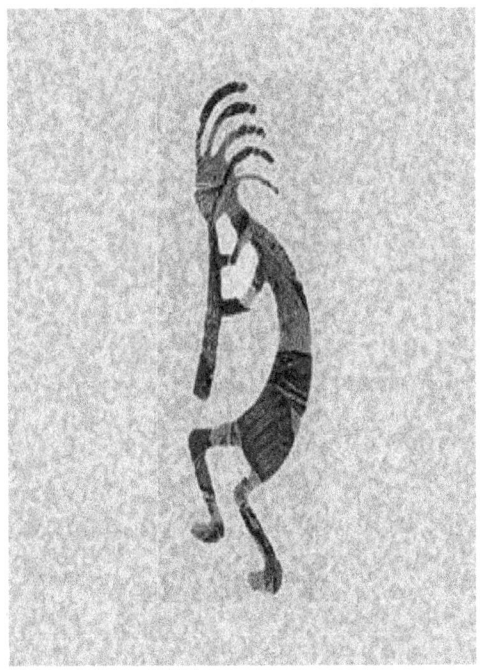

Immagine di Kokopelli

Nelle leggende dei cosiddetti "indiani d'America", il suonatore di flauto è il simbolo della felicità, della gioia ed è la figura mitica della fertilità. Secondo alcuni, egli viaggia nomade dal Messico verso Nord, fermandosi nei villaggi del Sud Est America, diffondendo musica, felicità e fertilità per le coltivazioni e per le popolazioni. Si riteneva che la magia del suo flauto stimolasse la creatività ed aiutasse a realizzare i propri sogni. La leggenda narra che mentre Kokopelli camminava tra i vari villaggi suonando il suo flauto, il sole scioglieva la neve spuntando nel cielo, l'erba si colorava di un rigoglioso verde, gli uccelli cantavano e tutte le creature viventi si riunivano intorno per sentire le sue musiche e le sue storie. Risulta che questa divinità sia tuttora una figura alquanto discussa, per via delle diverse credenze popolari ma è certo che leghi in maniera particolare l'essenza umana con quella divina. Atri nomi per indicare la divinità sono Kokopele, Kokopeltiyo, Kokopilau, Neopkwai'i (nei territori Pueblo) e Ololowishkya (nei territori Zuni).

Per ciò che riguarda della nascita della Quena, si narra che sotto la dominazione Maratec, molti secoli prima della venuta di colui che sarebbe stato considerato il primo imperatore degli inca, Manco Capac, nacque un appassionato idillio tra una divinità maschile e una ragazza bellissima. Questo amore era ricambiato, in modo semplice e puro, ma un giorno, sfortunatamente, la ragazza fu morsa da un serpente e morì. Il dio che l'amava così tanto, la seppellì su una montagna; con il passare degli anni, dalla terra lavata e scavata dalle lacrime di chi l'amava, apparve una tibia. Il dio ricavò da quest'osso uno strumento praticandovi dei fori; trasformò se stesso in vento e soffiando dentro il flauto, poteva ancora cantare e far rivivere l'amore perduto.

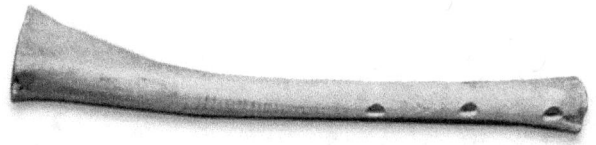

Esemplare di flauto d'osso (a tacca) riconducibile all'antica Quena

La Quena, con il suo particolare suono, esprime al meglio, ancora oggi un sentimento di malinconia.

La bizzarra leggenda del pifferaio magico viene riportata per la prima volta dalle cronache nel 1384, esattamente un secolo dopo la data presunta del fatti (1284). Secondo il racconto, un misterioso straniero con un mantello variopinto era apparso ad Hameln (in Germania) offrendosi, dietro il pagamento di una ricompensa, di liberare la città dall'invasione di topi e ratti. Lo straniero si mise a suonare il suo piffero e attirò i roditori sino al fiume Weser; riuscì ad ingannarli facendo seguire il suo lungo costume e così li fece affogare tutti. Gli ingrati cittadini si rifiutarono però di pagare la somma pattuita e scacciarono il pifferaio dalla città. Egli ritornò una domenica mattina, mentre gli adulti erano a messa, vestito con uno strano costume da cacciatore giallo e rosso. Questa volta però, furono 130 bambini della città di Hameln a subire il richiamo magico del piffero; i piccoli seguirono lo straniero fuori città e, dopo essere entrati in una caverna, scomparvero misteriosamente per sempre. Gli unici due bambini a salvarsi furono uno zoppo (o cieco, secondo un'altra versione della leggenda) e l'altro sordomuto. A questa storia sono state date molte interpretazioni ma nessuna definitiva.

Due opere relative alla leggenda de "Il pifferaio magico"

III
Gli strumenti

I FLAUTI ETNICI E STORICI

L'idea di differenziare gli strumenti storici da quelli etnici nasce dall'intento di offrire al lettore una chiara distinzione; tale differenziazione è inoltre indicata dalla radicata tradizione nell'usare la definizione di storico (o colto) contrapposta a quella di etnico; tale distinzione non è condivisa da autorevoli studiosi, oltre che dallo stesso compilatore di questo lavoro. Si intende segnalare come questa teoria contenga una spaccatura ormai superata tra i due significati; in un'epoca in cui si insegue un abbattimento delle barriere stilistiche musicali a favore di una musica universale, risulta forse ragionevole sostenere il concetto secondo cui l'etnico è parte integrante dello storico e che lo storico derivi proprio dall'etnia di una o più civiltà.

Ciò premesso, la differenziazione delle due tipologie di flauti, utilizzata in questo testo e di seguito documentata, si attiene alla seguente modalità: per ciò che riguarda gli strumenti storici, essi verranno catalogati seguendo le tappe fondamentali dei periodi storici, a partire da quello rinascimentale in poi; per gli strumenti etnici invece, verranno considerati quei flauti che, ancora oggi presenti nelle regioni di riferimento e strettamente connessi alle espressioni musicali dei vari popoli del mondo, appartengono alla storia millenaria che ha preceduto quella degli

ultimi cinque secoli[5].

Strumenti etnici	Strumenti storici
Bansuri	FLAUTO DIRITTO
Dizi	Il flauto a tre fori
Fischietto	Il flauto rinascimentale
Flauto di Pan	Il flauto barocco
Flauto nasale	
Friscaletto	FLAUTO TRAVERSO
Kaval	Il flauto rinascimentale
Mocseno	Il flauto barocco
Native american flute	Il flauto classico
Ney	Il flauto romantico
Ocarina	
Pinquillo	
Quena	
Ryûteki	
Shakuhachi	
Whistle	
Xiao	
Xun	

---

5 - Nota agli strumenti: Tutti i flauti illustrati appartengono alla collezione privata di Marco Felicioni, tranne: il Flauto dolce basso a p. 68, di proprietà del Dott. Luca Dragani; il Flauto traverso Louis Lot a p. 87, di proprietà del Monsignor Angelo Masciarelli; quelli a pp. 64 e 67, di proprietà del M° Roberto Torto; quelli a pp. 27, 42, 44 e 85.

CLASSIFICAZIONE DEI FLAUTI

I flauti possono essere ricondotti a due principali categorie: traverso e diritto; a queste tipologie, ampiamente conosciute, si aggiunge quella del flauto obliquo, poco noto e circoscritto ai territori del Medio Oriente e a vari stati dell'Est Europa.

Per traverso si intende il flauto con la cosiddetta "imboccatura naturale"; quello diritto, invece, vede la distinzione in altre due sotto-categorie, definite "a tacca" e "a fessura interna". Nei flauti a tacca l'aria è indirizzata su un bordo tagliente (detto appunto tacca), posta all'estremità superiore. A questa tipologia di strumenti appartengono il Flauto di Pan, la Quena sudamericana e lo Shakuhachi giapponese; anche se questi strumenti appartengono alla categoria dei flauti diritti, il loro particolare tipo di produzione del suono li rende molto affini ai flauti traversi.

Nei flauti a fessura interna, invece, l'aria è guidata dall'imboccatura ad un condotto (o canale) e indirizzata verso un bordo tagliente; gli strumenti di questo tipo comprendono vari flauti con diverse forme e numero variabile di fori. Tra essi, il flauto cosiddetto dolce (detto anche "diritto" o "a becco"), il Whistle (zufoli e fischietti vari) e quello globulare (Ocarina). Si aggiungono ai flauti sopra descritti, quelli obliqui, simili come tipologia a quelli a tacca (ma senza avere una vera e propria tacca), accumunabili a questi dal punto di vista della produzione del suono, in realtà parecchio differenti per il modo in cui bisogna indirizzare l'aria nello strumento.

STORIA DEL FLAUTO

Origine Geografica breve descrizione della tradizione musicale	Classificazione dei Flauti		
	TRAVERSO (a imboccatura naturale)	DIRITTO - GLOBULARE - OBLIQUO	
		a fessura interna	a tacca
SUMER e BABILONIA (territorio attualmente occupato dell'IRAQ) *STRUMENTI:* Arpa, Flauto, Sonagli. *MUSICA:* legata alla divinità, alle cerimonie religiose e di festa; il flauto incita i soldati nelle battaglie. *MATERIALI:* prettamente canna, argento.		**Ti - gi** [1] *(canna)* o **Tī - gū** [1] *(in accadico* - sia singoli che doppi) **Gi - gid** [1] *(lunga canna)* o **Malīlu** [1] *(in accadico* - sia singoli che doppi) **Flauto globulare**	
EGITTO *STRUMENTI:* Arpa, Cetra, Flauto e piccolo Liuto. Musica e strumenti musicali collegati a divinità e usati in manifestazioni religiose. *MATERIALI:* canna e legno.			**Ma.t** [1] o **Mā.t** [1] (def. in. di C. Sachs) opp. **Mem** e **Sebi** (nella defin. preced.) **Ugab** *(flauto in ebraico* - primo flauto popolare) **Nāy** o ***Ney*** o **Nei** (flauto obliquo - senza una vera e propria tacca)
ISRAELE e MEDIO ORIENTE *STRUMENTI:* Arpa, Liuto e Cimbalo. *MUSICA:* di importanza religiosa, legata a eventi di vario tipo. *MATERIALI:* canna.		**Ğawâq** (medievale, a becco) **Halîl** [2] **Abub** [2] (diffuso in tutto il mondo arabo) **Nekabim** [2]	**Ugab** ***Ney*** (flauto obliquo)

Origine Geografica breve descrizione della tradizione musicale	Classificazione dei Flauti		
	TRAVERSO (a imboccatura naturale)	DIRITTO - GLOBULARE - OBLIQUO	
		a fessura interna	a tacca
GRECIA, ROMA ed ETRURIA *STRUMENTI:* Arpa, Liuto e Cetra, Aulos e Siringa. *MUSICA:* monodica legata alla poesia (figura del poeta- musicista); liriche, musiche corali, tragedia. *MATERIALI:* canna, legno, bronzo, terracotta e resina.	**Flauto traverso** (Grecia) **Plagiaulos** (primo esemplare di "traverso" - testimoniato dall'iconografia etrusca "L'urna del flautista" - II sec. A.C.)	**Aulos** [1] (singolo e doppio)	**Sŷrinx o Flauto di Pan o Siringa** (serie di canne - n. variabile da 3 a 9 - in genere 7)
INDIA *STRUMENTI:* Percussioni (Vinci), strum. ad arco (Rabab/ Sarangi), Sitar, Tampura, perc. Tabla. *MUSICA:* di fondamentale ruolo nella vita, considerata un principio creativo dell'Universo, connessa alla filosofia, alla religione; inni, musiche sacrificali, canti magici. *MATERIALI:* bambù e legno.	*Palanguzhal* (a 8 fori – diffuso nel Sud dell'India) **Venu** *Bansuri* (a 7 fori – molto diffuso nel Nord)	**Vāna / Vāmśt** (in sancrito - considerata la lingua degli dei) **Flauti doppi** *Glingbu* (flauto triplo del Tibet)	
CINA ed ESTREMO ORIENTE Strumenti: Violino, Chitarra, Cetra, Liuto, Flauto, Organo a bocca, Percussioni. Musica: legata a fenomeni metafisici; destinata all'educazione dei giovani; legata alla religione (Giappone) Materiali: bambù, pietra, terracotta.	**Ch'ih** (il più antico della storia - Cina) **Titse** o *Dizi* / **Sei-teki** (Giappone) **Yamato-fuye** [3] o *Ryuteki, Minteki...* (Giappone) **Yoko-fuye** o *Yokobue, Shinobue* (Giappone)	**Yüeh** **Hsüan** (globulare) o *Xun*	**Yo o Jo** (3 o più fori) / **Yak** (Corea) **(Yu)-Hsiao o Yu-ti o Kuan /** *Xiao / Shakuhachi* (Giappone) **Flauti "di Pan" / "Siringa"**

Classificazione dei Flauti

Origine Geografica breve descrizione della tradizione musicale	TRAVERSO (a imboccatura naturale)	DIRITTO - GLOBULARE - OBLIQUO	
		a fessura interna	a tacca
AMERICA STRUMENTI: Flauto, Percussioni. MUSICA: prettamente monofonica. MATERIALI: legno, terracotta (azteco)		**Çoçoloctli** o **Huila-capitzli** (ocarina –fischietto sempl. e doppi) / **Tla-pitzalli** (fl.) **Native american flute** (a fessura "esterna")	
SUD AMERICA STRUMENTI: Flauto, Percussioni. MUSICA: raggiunge alti livelli nonostante il grado culturale non elevato; iniziale assenza di strum. a corda. MATERIALI: terracotta, pietra, metallo, canna.	**Mocseno** o **Moceño** (a fessura interna)	**Tarka** (Perù – Bolivia) **Pinquillo** **Flauto globulare** (Ocarina) **Fischietti** (con o senza fori - ad acqua)	**Quena** o **Kena** **Huayra-Puhura** o **Zampoña / Sikus / Siringa / Flauto di Pan**
EUROPA STRUMENTI: Lira (origine autentica), vari "importati" dall'Asia, dall'Impero islamico, dal Nord-est. MUSICA: caratterizzata da influenze di varia provenienza. MATERIALI: legno, canna, metallo.	**Traversa** (rinascimentale) **Traversiere** (barocco) **Flauto traverso** (epoca barocca): **Plágioi** o **Aulosplágioi** (Grecia) / **German Flute** (Inghilterra) / **Flauta alemanna** (Spagna) / **Flute d'Allemand** (Francia) **Flauto Militare / Schweizer Pfeiff** (Germania)	**Flauto a 3 fori** (con tamburo) **Flageolet** (Francia / **Whistle** - Inghilterra - anche doppio) / **Zufolo** o **Fischietto** (Italia) **Flauto dolce** o **diritto** o **a becco** con vari tipi etnici in tutta Europa **Ocarina** (usata da G. Ligeti e altri) **Flauto a coulisse** (usato da L. De Pablo)	**Kaval** (flauto obliquo) (Albania, Azerbaigian, Armenia, Bulgaria, Grecia, Macedonia, Moldova, Serbia, Turchia, Romania, Ungheria, Ucraina)

1 Curt Sachs pone forti dubbi sul fatto che si tratti di flauti ma piuttosto di oboi; neanche le sue teorie si poggiano però su certezze e prove storiche inconfutabili. Le teorie espresse dall'etnomusicologo tedesco si riferiscono alla improbabile presenza di flauti (singoli e doppi); tali strumenti, in ogni caso, hanno comunque segnato la storia dei popoli dell'antichità. Inoltre, l'attinenza tra l'aulos (di cui il significato è *canna*) e il nome del flauto traverso etrusco "plagiaulos" è sicuramente un evidente riscontro.

2 Flauti con incerta classificazione tra quelli "a fessura interna" e "a tacca".

3 Yamato = antico nome del Giappone - fuye = soffiare.

Nota generale: i nomi scritti in corsivo indicano, per la relativa tipologia di strumento, la denominazione del flauto attualmente presente e/o diffuso nel territorio di riferimento.

IV
I flauti etnici

BANSURI

Il flauto di bambù conosciuto con questo nome è da tempi immemorabili parte integrale della cultura indiana (in Indi: बांसुरी). È uno strumento antichissimo ed essendo lo strumento scelto da Krishna, è molto comune nelle case e nei luoghi pubblici indiani dove è frequente l'immagine di questa sorridente divinità intenta a suonare il Bansuri. Il Bansuri (dal Sanscrito *bans* - bambù e *sur* - melodia) viene descritto nei *Veda* (importanti opere sacre induiste) ed è raffigurato in numerosi bassorilievi di molti templi; è dipinto inoltre su testi buddisti vecchi di oltre 2000 anni.

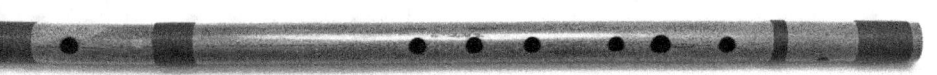

Esemplare di Bansuri in fa

Questo strumento è costruito da una semplice canna di bambù che, accuratamente lavorata ed intonata, permette al musicista di suonare incantevoli melodie con un'estensione cromatica di circa tre ottave. La costruzione di un Bansuri è il perfetto esempio di come un capolavoro artistico non sia solo completato aggiungendo qualcosa che manca, ma eliminando ciò che può essere in eccesso. Descritto come strumento dal suono etereo, soave, angelico, ha anche una sonorità cupa e malinconica e manifesta

35

una sensazione di nostalgia innata nell'anima umana. Per la sua costruzione si procede alla lavorazione di un segmento di bambù, possibilmente diritto e senza nodi, di circonferenza esatta (non ovale), di uno spessore di circa 2 o 3 millimetri. Un altro fattore importantissimo è quello della giusta maturazione del bambù; la tradizione vuole che debba essere raccolto in presenza di luna calante nei mesi invernali. Se la pianta viene tagliata durante il periodo di crescita, il bambù sarà leggero e pieno di microscopici spazi fra le fibre, poroso, fragile e con povere qualità acustiche. Raccolto invece a giusta maturazione, la fibra sarà compatta come quella dei legni più duri e la risonanza sarà ottimale.

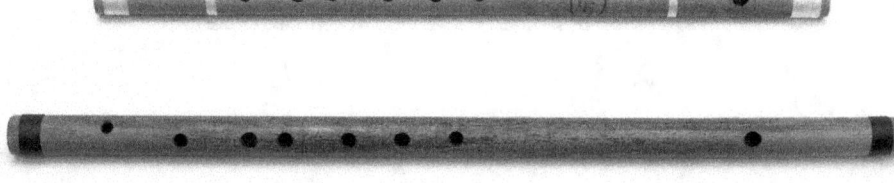

Esemplari di Bansuri in do e la

DIZI

Il Dizi è il flauto traverso cinese; è uno strumento a fiato antichissimo e ampiamente diffuso; è realizzato con bambù naturale ed è anche chiamato Zhudi (bambù).

Dizi di bambù in sol

È realizzato con la relativa canna, privata dei nodi, sulla quale si aprono un foro per l'imboccatura, uno per la membrana e sei fori per variare l'altezza dei suoni. Il foro per l'imboccatura è il primo, da cui viene insufflata l'aria, producendo la vibrazione interna e quindi il suono. Il secondo foro, detto *mo kong*, serve a fissare la membrana chiamata *dimo*, ricavata dall'interno della canna di bambù fresca e raccolta in primavera (un tempo si applicava un'ancia di canna o di bambù), che attraverso la vibrazione dell'aria dà origine al suo suono inconfondibile. Il Dizi è realizzato in varie tonalità e quindi dimensioni; è piuttosto acuto (e di conseguenza corto) nei paesi del nord della Cina ed è tendenzialmente più grave nelle zone meridionali del paese. Questo flauto ha una storia di ben 7000 anni; circa 4500 anni fa il materiale utilizzato passò dall'osso al bambù. Alla fine del I secolo a.C. (all'epoca dell'imperatore Han Wudi) occupava una posizione molto importante tra gli strumenti a fiato del tempo. A partire dal VII secolo d.C. il flauto venne modificato, con l'aggiunta del foro per l'ancia (poi membrana) che ne sviluppò notevolmente l'espressività ed anche la tecnica di interpretazione raggiunse un alto livello. Nel X secolo, con la nascita e lo sviluppo delle poesie musicate e dell'opera Yuan, il flauto di bambù diventò il principale strumento di accompagnamento di questi spettacoli. Anche nelle orchestre delle opere popolari e delle minoranze etniche il flauto di bambù è uno strumento immancabile.

FISCHIETTO

Il Fischietto racchiude nella sua definizione una moltitudine di strumenti e varianti che gode di una tradizione antichissima, sviluppata nei vari luoghi della terra. Esistente fin dalla preistoria, il materiale con il quale più frequentemente risulta costruito è la terracotta, ma anche in legno, osso e in canna vanta molte fogge. I numerosissimi tipi di fischietto, inevitabilmente connessi a quel fenomeno sonoro chiamato fischio, sono stati costruiti nel corso della storia come strumenti in grado di riprodurre fischi modulabili, dotati di suono non sempre determinato, più o meno potenti. Già dall'antichità il fischio ha rappresentato qualcosa di magico, nelle credenze popolari e con rimandi a sfondo mistico, spesso associato da molte culture a influenze diaboliche. Anche l'opera *Mefistofele* di Arrigo Boito contiene uno famoso fischio malefico. Ad ogni modo, il fischio ha avuto e continua ad avere oggi, in vari paesi, un valore propiziatorio e addirittura antimalocchio. Da non dimenticare infine il valore ludico del fischietto, nella sua destinazione di gioco per bambini.

Alcuni dei fischietti esistenti sono davvero particolari e complessi. Il Silbador è per esempio uno strumento precolombiano, caduto ormai in disuso, che consiste in due piccoli vasi di terracotta in comunicazione tra loro, di cui uno si riempie a metà d'acqua: soffiando, il suono esce dall'altro vaso comunicante e l'altezza del suono varia mediante l'inclinazione dell'acqua nello strumento.

Fischietti simili vengono prodotti ancora in molte parti del mondo; anche in Italia, in alcune zone della Puglia (Rutigliano, Alberobello e Salento Messapico) ne esistono alcuni che si presentano come vere opere d'arte.

Fischietti vari – (in alto) Fischietto ad acqua spagnolo, Fischietto ad acqua peruviano, (al centro) Flauto a coulisse in legno, (in basso) Fischietto boliviano in canna, Apito (fischietto brasiliano tipico del samba in legno)

FLAUTO DI PAN

Diffuso e conosciuto con questo nome, è lo strumento appartenente per antonomasia alla mitologia greca. Essa narra di Pan, particolare divinità dall'inquietante aspetto, metà uomo e metà capra, innamorato della ninfa Syrinx; contrariato dalla situazione, Ladone (padre di Syrinx), trasformò la figlia in canne; Pan costruì un flauto con esse per consolarsi spiritualmente. Presente in varie parti del mondo, è diffuso in Europa (particolarmente in Romania), in Africa e soprattutto in America latina.

Due tipi di Flauto di Pan – (in alto) Zampoña, (in basso) Siku peruviano

Siku è il nome del caratteristico Flauto di Pan andino; chiamato in questo modo dagli Aymara, Antara e dai Quechua, venne poi ribattezzato Zampoña dall'influenza spagnola. Strumento antichissimo (sono stati ritrovati esemplari in pietra e terracotta risalenti al 1500 a.c.), possiede una peculiarità esclusiva: lo strumento è diviso in due metà distinte di 6 e 7 tubi ciascuna (dette maschio e femmina), ognuna delle quali presenta solo metà delle note della scala musicale (es.: mi - sol - si - re - fa diesis - la e l'altra re - fa diesis - la - do - mi - sol - si), cosicché si necessita di una coppia di esecutori che soffiano alternativamente nel proprio strumento. Questa tecnica, che richiede pratica e coordinazione, viene detta *sikuri* (in aymara) o *trenzado* (in spagnolo). Altre varianti del Siku sono l'Antara, strumento politonale (solitamente diviso tra le tonalità di re e sol maggiore) e il Rondador, con le canne intonate e disposte ad intervalli di terze. Esistono flauti con l'estensione molto ampia: costruiti in varie misure, a seconda del registro (ognuno con la sua denominazione tradizionale), si compongono di canne di lunghezza variabile da 4-5 cm. a 140-150 cm. Lo strumento professionale attuale possiede più canne di quello tradizionale e le due metà vengono sovrapposte e suonate da un unico esecutore. Il fascino delle melodie eseguite dal Siku rappresenta certamente uno degli elementi più caratterizzanti della musica andina.

FLAUTO NASALE

Una breve descrizione va fatta anche per il Flauto nasale, particolarissimo tipo di strumento presente quasi esclusivamente nel continente asiatico. I più importanti flauti nasali sono originari della Malesia, delle Filippine e delle isole Hawaii. Questi strumenti sono suonati ponendo il flauto sia in posizione obliqua che in quella orizzontale (come un traverso). Tra essi vanno menzionati il Pensol, il Selingut (o Selingup) e il Tongali. Il Selingut, tramandato da antiche tribù, veniva e viene tuttora utilizzato per il corteggiamento, suonato indistintamente da uomini e donne; viene inoltre usato per placare gli spiriti delle persone che hanno lasciato la vita terrena.

Esemplare di Selingut

FRISCALETTO

Il flauto diritto etnico italiano più rappresentativo è di origine siciliana, precisamente della città di Catania e, per questo, definito anche Friscaletto alla catanese. È presente anche in Calabria e in Campania, dove è noto anche con il nome di Fischiotto o Frischiotto e può avere dimensioni più grandi degli esemplari siciliani. Il Friscaletto è affine al flauto dolce, in fattezze e in sonorità ma possiede un timbro più robusto e brillante. Il Friscaletto è costituito da un cilindro di canna detta comune (nome botanico: *arundo donax*), con 9 fori, 7 anteriori e 2 posteriori. Strumento principe nei complessi folkloristici, viene realizzato solitamente nelle tonalità di do, la e sol. Il suo nome deriva dall'espressione dialettale e varia da luogo a luogo; per questo motivo può essere chiamato anche Friscaliattu, Frischiettu, Friscaliettu, Friscarettu, Frischittu, Friscaloru.

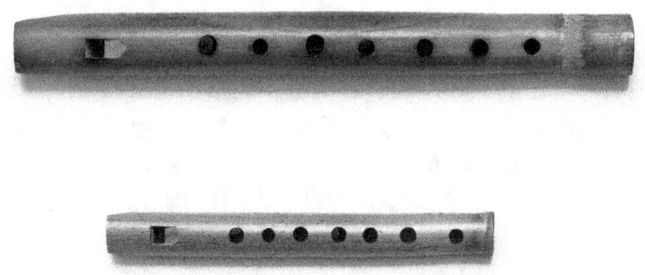

Esemplari di Fischiotto in do basso (in alto) e di Friscaletto in do (in basso)

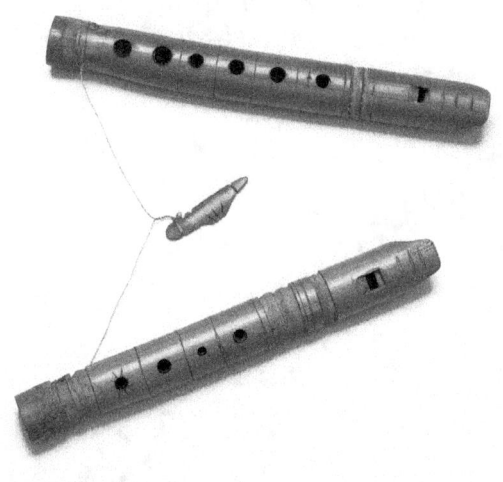

Flauto doppio a paru (o a paro)

KAVAL

Il Kaval è uno strumento obliquo di origine pastorale, oggi ampiamente usato in melodie, canti e danze popolari. È diffuso in vari paesi dell'Est Europa, Albania, Azerbaigian, Armenia, Bulgaria, Grecia, Macedonia, Moldavia, Serbia, Turchia, Romania, Ungheria, Ucraina. La imboccatura è spesso rapportata a quella dei flauti a tacca ma questo tipo di flauto (come anche il Ney, che incontreremo in seguito) non ha una vera e propria tacca. L'inizio del tubo ha solo una leggera svasatura e il suonatore deve creare un angolo di 45 gradi circa con lo strumento rispetto al suo asse frontale; questo fa si che la tecnica per produrre il suono risulti piuttosto complicata.

Il Kaval è aperto nelle due estremità, ha 8 fori (7 davanti e uno sul retro per il pollice) e ha solitamente altri quattro fori per la stabilità dell'intonazione nella parte finale del tubo. Realizzato attualmente in legno (ciliegio, albicocco, prugno, bosso), è realizzato anche in corno di bufalo, canna comune (arundo donax), metallo e plastica.

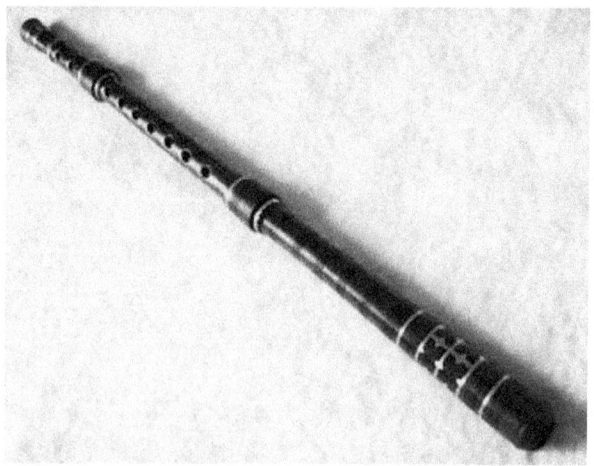

Esemplare classico di Kaval

Ha un suono caldo, malinconico e piacevole; viene costruito in varie tonalità, nel registro alto (do, do diesis), medio (re, si) o basso (la, si bemolle). Il Kaval ha un'estensione di oltre due ottave e mezza, in grado di realizzare tutti i semitoni.

MOCSENO

Il Mocseno (Moxeño oppure Moseño) è uno strumento molto particolare che unisce due categorie di flauti. È infatti un flauto che si suona come un traverso ma, per quella che è la sua tipologia di produzione del suono, è da ricondurre a un flauto a fessura interna, che caratterizza la famiglia dei flauti diritti. Il Mocseno è uno strumento dalla personalità esclusiva, con toni gravi e sonorità singolari; grazie alla sua particolare fattura, sfrutta totalmente le grandi dimensioni del tubo. Il suo suono grave e affascinante è adatto a particolari momenti di contemplazione. È costruito in bambù ed è realizzato in varie tonalità; viene suonato da solo o insieme agli altri strumenti tipici dell'America latina. Esiste uno strumento analogo al Mocseno di origine slovacca, chiamato Fujara.

Esemplare di Mocseno boliviano in sol

NATIVE AMERICAN FLUTE

Il Flauto dei nativi d'America ha raggiunto una rilevante fama per il suo suono caratteristico e anche per via della sua storia. Suonato in origine prettamente senza accompagnamento, questo strumento veniva impiegato per particolari situazioni come il corteggiamento, la meditazione, durante i rituali spirituali ed anche per la guarigione di alcune malattie. Attualmente viene suonato insieme ad altri strumenti, alla voce, sia nella musica dei nativi americani che in altri stili. Esistono due diversi tipi di flauti dei nativi americani: il "flauto della pianura" e "il flauto della foresta"; essi si distinguono per la costruzione leggermente diversa. Nel secolo scorso si è assistito ad una notevole rivalutazione di questo flauto; utilizzato soprattutto nelle musiche di confine, nelle sonorità *ambient* e nella *new age*, è presente anche nei repertori di musica classica moderna. Tra i compositori più famosi che hanno scritto per questo flauto si ricordano Philip Glass, James De Mars, David Yeagley, Brent Michael Davids. Questo strumento è generalmente intonato in una scala pentatonica minore; i materiali usati per la costruzione sono il ginepro, la betulla, il cedro ed altri tipi di legno come il noce e il ciliegio ma anche il bambù (come materiale tradizionale). Esistono flauti semplici ma anche doppi e tripli, uniti tra di loro.

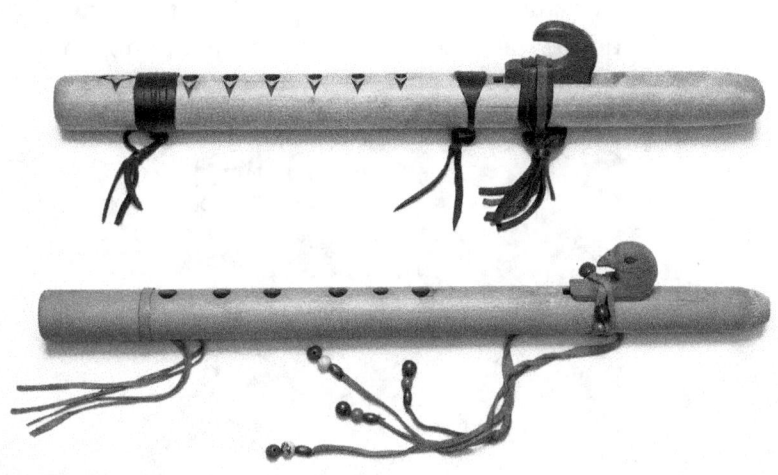

Esemplari di Native american flute (Arizona e Perù)

NEY

Il Ney (detto anche Nai, Nay o Nye) è uno strumento dal passato millenario ed è un flauto lungo e sottile, definito obliquo; è di origine persiana, ottomano-turca, araba e centro asiatica. Nei paesi dove si riscontra la presenza di questo particolare flauto, esso corrisponde all'unico strumento a fiato rappresentativo. Si tratta di un flauto davvero antichissimo, come testimoniato dalle raffigurazioni di suonatori di Ney nei dipinti murali delle piramidi egiziane; alcuni Ney sono stati rinvenuti nei recenti scavi a Ur (città dell'antica Mesopotamia). Questo indica che il Ney è stato ininterrottamente presente nella storia da quattro o cinquemila anni e rappresenta quindi un importantissimo precursore del flauto moderno. Esso ha un particolare valore simbolico nella cultura Sufi; sin dal IX secolo d.C., infatti, il Ney è uno strumento impiegato nell'incontro cerimoniale detto *Samâ'*, che vuol dire ascolto, audizione, concerto spirituale.

Donna che suona il Ney - Anonimo (1669)

Il Ney è costituito da un pezzo di canna (solitamente della pianta *arundo donax*), con sei o sette fori per le dita; alcuni moderni Ney sono realizzati in metallo. Un abile suonatore è in grado di raggiungere un'estensione di circa tre ottave, anche se fa parte della prassi esecutiva comune l'uso di strumenti di varia altezza per coprire grandi estensioni. Il Ney persiano dispone di 6 fori mentre quello turco ne ha 7, uno dei quali si trova sul retro del tubo ed è azionato dal pollice sinistro.

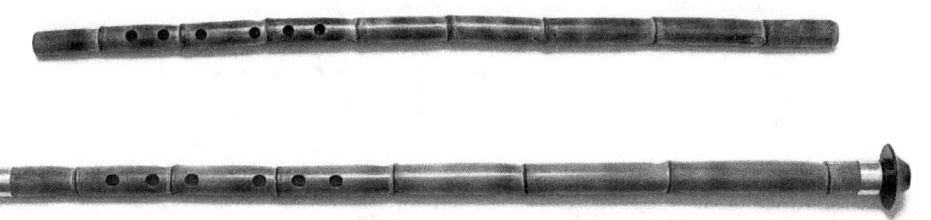

Ney egiziano (in alto) e turco (in basso)

I Ney sono costruiti in diverse chiavi; nel sistema arabo ce ne sono 7 tipi, ognuno in una differente tonalità. In Bulgaria è presente uno strumento affine al Ney chiamato Kaval; anche in Macedonia esiste un flauto praticamente identico dal nome Gargy-tuyduk (o Karghy tuiduk); infine, anche in Mongolia c'è uno strumento analogo denominato Tsuur.

OCARINA

L'Ocarina ha una storia estremamente antica; i primi flauti globulari dotati delle singolari caratteristiche che li contraddistinguono, risultano utilizzati (seppur di diversa grandezza, forma ed estensione) già nell'antica Cina, dai nativi dell'America latina (specie in Costa Rica, Colombia, Guatemala, Panama e Perù) e dai popoli dei Maya e degli Aztechi. È presente anche in Papua Nuova Guinea. Lo strumento cinese affine all'ocarina è il Xun, che viene suonato in modo diverso dall'ocarina europea e da quella latino-americana; il Xun infatti ha l'imboccatura naturale (come un flauto traverso). Nel XIX secolo, esattamente nel 1853, il costruttore italiano Giuseppe Donati di Budrio (a 8 Km da Bologna) modificò la forma dell'Ocarina, aggiunse altri fori e concepì una nuova diteggiatura, rendendola famosissima in Italia e in Europa. Nel repertorio accademico è inserita nelle partiture del compositore György Ligeti, sia nel *Concerto per pianoforte* e orchestra che nel *Concerto per violino* (con ben 4 ocarine).

Esemplari di Ocarine storiche (XIX secolo) costruite da Emidio Cesari nelle tonalità di sol e do

Ocarina tripla in do

PINQUILLO

Il Pinquillo, come la Quena, è uno strumento risalente all'impero degli Inca e quindi del periodo compreso tra il XIII e XIV secolo. Ha avuto origine come flauto a tre fori, analogamente al flauto di tradizione europea (Pipe and Tabor); si può quindi ipotizzare che anche il Pinquillo venisse suonato insieme ad un altro strumento a percussione. Successivamente si trasformò in strumento pentatonico, con 5 fori sul davanti. In seguito all'omologazione della scala diatonica musicale, al Pinquillo sono stati aggiunti altri fori fino a raggiungere un totale di 7, al fine di realizzare la scala maggiore, alzando gradatamente un dito alla volta dal basso verso l'alto. Realizzato in canna di bambù, ha un suono tagliente e al tempo stesso espressivo; flauto solitamente di tessitura medio-acuta, viene costruito in varie tonalità.

Due esemplari di Pinquillo boliviani

QUENA

Anche la Quena (o Kena) è uno strumento risalente all'impero degli Inca e quindi precolombiano. È il più comune strumento melodico delle Ande ed è un tipo di flauto diritto di fattura molto semplice. Costituito da una canna di bambù con l'imboccatura a tacca (a forma di U), ha 6 fori anteriori ed uno posteriore. Possiede un'estensione di circa tre ottave ed è uno strumento cromatico. Ha un timbro dolce e sensibile, umano, caldo nei suoni più gravi ed espressivo nei suoni acuti. È forse lo strumento più rappresentativo della musica andina. Diffusa in tutta l'America latina (Argentina, Ecuador, Colombia, Bolivia e Cile), la Quena è originaria del Perù. Un tempo era ricavata, oltre che dalla canna di bambù, anche da ossa animali; è affascinante la storia mitologica che narra la nascita di questo strumento dalla tibia umana (descritta nel II Capitolo). I più antichi strumenti ossei di cui siano stati rinvenuti tracce (in Perù) risalgono al 900 a.C.

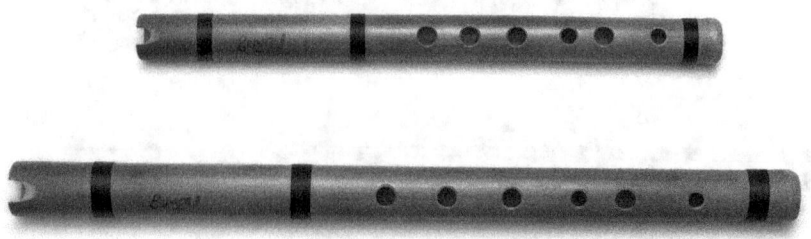

Quena in sol (in alto) e Quenacho in re (in basso)

RYÛTEKI

Il Ryûteki è uno dei più importanti flauti traversi giapponesi; è usato nello specifico stile *gagaku* (musica cerimoniale della corte imperiale giapponese). È anche chiamato semplicemente Ôteki, che significa flauto traverso. Il corpo dello strumento è lungo circa 40 cm, è fatto di bambù essiccato; spesso riporta delle strette legature ottenute da strisce di corteccia di ciliegio tra un foro e l'altro e può essere laccato internamente in rosso o nero. Nel tratto tra il foro di insufflazione e l'estremità chiusa del tubo è a volte inserito un pezzo di metallo che serve per bilanciare meglio lo strumento. Il Ryûteki ha 7 fori (nella parte superiore) che vengono occlusi con le quattro dita della mano destra e con l'indice, il medio e l'anulare della sinistra.

Ryuteki in bambù in re (discendente al do diesis)

L'estensione dello strumento è di circa due ottave: lo strumento tradizionale produceva una scala pentatonica nell'ottava più bassa con le posizioni fondamentali e l'intera scala cromatica si otteneva chiudendo parzialmente i fori, contrariamente ai flauti occidentali nei quali vengono usate le cosiddette posizioni "a forchetta". La tecnica esecutiva dello strumento, sia quello antico che moderno, fa spesso ricorso a variazioni di intonazione che vengono ottenute occludendo parzialmente i fori o ruotando il corpo dello strumento rispetto alle labbra del suonatore; tale tecnica, nella nostra cultura è assimilabile all'effetto che chiamiamo glissando; nello stesso modo vengono prodotti i tipici aggiustamenti microtonali per l'altezza delle note.

SHAKUHACHI

Lo Shakuhachi era costruito inizialmente in un unico pezzo ma oggi è più comunemente costruito in due pezzi separabili per mezzo di un raccordo ad incastro. Lo Shakuhachi ha 5 o 6 fori per le dita (a seconda della provenienza): 4 o 5 anteriori e uno posteriore. L'interno del tubo è laccato con una vernice nera o rossa, mentre la superficie esterna è spesso lasciata al naturale. La vibrazione della colonna d'aria che produce il suono è ottenuta dirigendo il soffio contro un bordo affilato (in occidente detto tacca o più tecnicamente *labium*), come avviene anche nei flauti a fessura interna. Mentre in questi ultimi c'è uno stretto canale ricavato nel blocchetto della testata dello strumento (dove viene indirizzata l'aria con precisione verso il *labium*), lo Shakuhachi è completamente privo di supplementi e la giusta angolazione del flusso è affidata interamente alla posizione delle labbra dell'esecutore: da questo punto di vista, quindi, lo Shakuhachi è più simile ad un flauto traverso o maggiormente al suo corrispettivo strumento dell'America latina, la Quena.

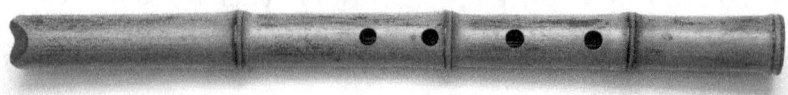

Esemplare di Shakuhachi tradizionale a 5 fori in re

La caratteristica che accomuna questi strumenti rende la produzione del suono più difficile ma allo stesso tempo permette una straordinaria varietà di effetti timbrici (come glissandi e variazioni microtonali) che costituiscono il fascino particolare di questo flauto e della musica orientale. Il nome dello Shakuhachi deriva da un'abbreviazione dell'espressione *isshaku hachi sun* (1 *shaku* e 8 *sun*), che si riferisce alla lunghezza più comune dello strumento (54.5 cm circa). Lo *shaku* e il *sun* sono due unità di misura per la lunghezza usate nel Giappone antico: 1 *shaku* corrisponde a 30.3 cm, mentre 1 *sun* equivale alla decima parte dello *shaku*, cioè 3.03 cm.

WHISTLE

Il Tin whistle o Pennywhistle o semplicemente Whistle è un flauto a fessura interna, a 6 fori, usato nella musica popolare irlandese e in generale in quella delle isole britanniche. In lingua gaelica il suo nome è Feadòg o Feadóg stáin. Il suo nome (la cui traduzione corrisponde a "fischietto di latta" o "fischietto da un soldo") deriva dal materiale più spesso usato per la sua fabbricazione: la latta; sono comunque abbastanza comuni anche esemplari fabbricati in vari legni duri e sono strumenti solitamente economici.

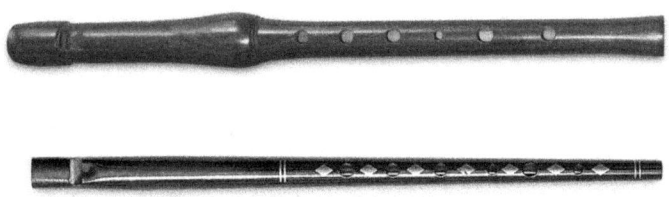

Esemplari di Whistle in legno e in metallo

Gli esemplari più comuni sono intonati in re (avendo come nota più grave il re 5) e hanno il corpo metallico cilindrico o leggermente conico. L'estensione del Tin whistle è di due ottave e mezzo circa e, come molti strumenti usati nella musica popolare, è uno strumento diatonico. Il Whistle è prodotto in un'ampia varietà di tonalità; dopo lo strumento in re, il più comune è quello intonato in do o si bemolle; esiste anche il Low whistle che è intonato un'ottava sotto quella del Tin whistle (re 4).

Le dimensioni ridotte, la facilità d'emissione e il prezzo contenuto fanno del Tin whistle uno strumento diffusissimo nella musica popolare; è oggi lo strumento irlandese più utilizzato in vari stili musicali compreso ovviamente il genere celtico.

Nonostante ciò, la musica irlandese vede anche l'importante presenza del flauto traverso, chiamato Irish flute; esso consiste in quello che si definisce un flauto a sistema semplice, riconducibile al flauto rinascimentale senza chiavi e a cameratura conica.

Il tradizionale Irish flute di palissandro in re

XIAO

Il Xiao, chiamato anche Dongxiao, è un antico strumento a fiato diffuso nella popolazione cinese già migliaia di anni fa. La sua origine deriva dal Paixiao (un flauto a più canne come quello di Pan). All'inizio della sua storia, si scoprì che aprendo fori a diverse distanze su un'unica canna si potevano produrre suoni alti e bassi, quindi il Paixiao con più canne si trasformò nel Dongxiao con un'unica canna a più fori. L'odierno Xiao appare già in epoca Han con il nome di Qiangdi, che era originariamente uno strumento dell'etnia Qiang; nel I secolo a.C. si diffuse nel bacino del Fiume Giallo e si trasformò gradualmente nella forma a 6 fori, molto simile all'attuale Xiao. La struttura del Xiao è piuttosto semplice; può essere realizzato con bambù nero, giallo o bianco; l'estremità dove si trova l'imboccatura è quasi completamente chiusa ed è lasciato aperto solo il foro per l'insufflazione dell'aria. Ha 5 fori sulla parte anteriore, uno su quella superiore del dorso e 3 o 4 fori ausiliari in basso per regolare l'intonazione, abbellire il timbro e aumentare il volume; l'interno del tubo è solitamente laccato rosso per rendere lo strumento più resistente.

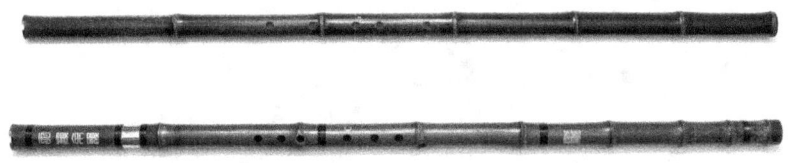

Esemplari di Xiao, antico (in alto) e moderno (in basso)

Il Xiao ha una snorità dolce ed elegante, con la zona dei bassi profonda e quella dei medi, dolce e piena. La tecnica di interpretazione del Xiao è adatta principalmente alle melodie raffinate, tranquille e liriche che esprimono paesaggi naturali e sentimenti intimi. Il Xiao possiede una ricca espressività, potendo essere utilizzato da solo e in gruppi orchestrali; figura inoltre in melodie folcloristiche suonato insieme a strumenti tradizionali a corde e a fiato del sud del Fiume Azzurro, ed in musiche locali del Fujian e del Guangdong. È infine utilizzato nelle rappresentazioni dell'opera classica cinese, per la parte destinata all'accompagnamento della musica tradizionale. Esistono diversi tipi di Xiao; tra quelli più comuni ricordiamo il Dongxiao di bambù nero, il Xiao di Yuping e il Xiao a 9 moduli.

XUN

Il Xun è uno dei più antichi strumenti a fiato cinesi, con una storia di circa 7000 anni e tradizionalmente utilizzato nella musica di corte. È assimilabile allo strumento globulare europeo più famoso: l'Ocarina.

Esemplare di Xun in do a 9 fori con i caratteristici motivi cinesi

Secondo la leggenda, avrebbe avuto origine da un attrezzo da caccia detto meteora di pietra. Nell'antichità il cacciatore fissava ad una corda una pietra rotonda o una palla di fango lanciandole poi contro uccelli o animali. Alcune palle erano vuote e risuonavano in volo; pertanto, trovando divertente questo fenomeno, si iniziò a suonarle, così la meteora di pietra si è man mano trasformata in uno strumento musicale. All'inizio il Xun era di pietra o di osso, diventando poi di ceramica, con diverse forme: ovale o a palla, a forma di pesce o a pera, che risulta il più comune. La parte superiore ospita l'imboccatura di tipo naturale, con un foro analogo a quello di un flauto traverso; il fondo dello strumento è piatto, mentre le pareti concave presentano vari fori. Le forme più antiche avevano un unico foro; alla fine del III secolo a.C. si ritiene già affermata la configurazione definitiva dello strumento con i sei fori.

Il professor Cao Zheng del Conservatorio centrale cinese ha iniziato a realizzare riproduzioni di antichi modelli di Xun in ceramica a partire dagli anni '30 del secolo scorso. In seguito, sulla base del Xun a 6 fori a forma di pera, il professor Chen Zhong del Conservatorio di Tianjin ha creato un Xun a 9 fori di ceramica purpurea di Yixing, nella provincia del Jiangsu. Esso mantiene non solo la forma e la tonalità originaria del Xun tradizionale, ma presenta un ampliamento del volume e registro musicale, potendo realizzare la scala musicale e i cromatismi. La nascita del Xun a 9 fori simboleggia la ripresa della vitalità dell'antico Xun. In seguito uno studente del professor Chen Zhong, Zhang Liangshan, della troupe di canto e danza della provincia del Hubei, ha creato un Xun a 10 fori di palissandro, risolvendo il problema della ristretta estensione dello strumento.

V
Il Flauto diritto

IL FLAUTO A TRE FORI

Il Flauto a tre fori è uno straordinario strumento della storia; dalle evidenti fattezze di flauto dolce, è formato da uno stretto e lungo tubo cilindrico con soli tre fori per le dita, collocati all'estremità inferiore: due sul davanti e uno posteriore; la chiusura ed apertura dei due fori anteriori è affidata all'indice e al medio, mentre per quanto riguarda il foro posteriore viene impiegato il pollice. Contrariamente al flauto dolce, quest'ultimo foro non ha funzione di portavoce. La particolarità fondamentale di questo flauto consiste proprio nel produrre suoni armonici al variare della pressione del fiato, dovuta allo stretto diametro della cameratura in rapporto alla lunghezza del tubo: in questo modo da una sola posizione si possono ottenere tre o più suoni a vari intervalli dal suono fondamentale: quinta, ottava, dodicesima, quindicesima, ecc., con un sistema che è quello delle trombe naturali (ossia senza pistoni). I primi quattro suoni base ottenuti alzando le dita in progressione e mantenendo una leggera pressione di fiato non vengono usati a causa della loro instabilità e debolezza: dunque la scala dello strumento inizia dal secondo armonico. Usando solo tre fori e cinque combinazioni delle dita si ottiene una scala diatonica completa, più qualche nota alterata.

Tutte le fonti e le testimonianze figurative concordano

nel mostrare il flauto a tre fori suonato con la mano sinistra, a differenza del flauto dolce, che poteva essere impugnato sia alla dritta che alla mancina e che era costruito in modo tale da soddisfare entrambe le impostazioni. Il flauto a tre fori viene sostenuto dalle restanti dita libere, l'anulare e il mignolo, che stringono il tubo appoggiandosi all'anello tornito appena sotto l'ultimo foro. Dato che il flauto permette l'esecuzione di una melodia utilizzando la sola mano sinistra, il suonatore è in grado di accompagnarla servendosi di un tamburo. L'accoppiamento tipico è con un tamburo munito di corde di risonanza, percosso con una bacchetta tenuta nella mano destra o con la punta delle dita. Nei paesi baschi era particolarmente diffuso l'uso del flauto a tre fori, suonato ancora oggi e accompagnato sia da un normale tamburo (detto proprio Tamburo basco) o dal Tambourin du Béarn: una specie di cetra rettangolare munita di corde di budello intonate a intervalli armonici (ottava, quinta e quarta) e percosse da un'apposita bacchetta.

Flauto a 3 fori in legno di ulivo
Copia da un dipinto della Cattedrale di Atri (TE)

IL FLAUTO RINASCIMENTALE

Il Flauto dolce, nel periodo del Rinascimento e per tutto il Barocco fu indicato in Italia semplicemente con il nome di Flauto; ciò a sottolineare la sua notevole importanza, anche nei confronti del Flauto traverso. La rilevanza del flauto diritto è dimostrata da un gran numero di trattati, primo tra tutti *La fontegara* (1535) di Silvestro Ganassi, primo metodo dedicato completamente ad uno strumento musicale. In epoche precedenti il flauto diritto era dotato di sei fori, mancando il portavoce e il foro per il mignolo destro. Tale tipologia di flauto a sei fori è rappresentata da tutti gli strumenti delle varie culture extraeuropee, tuttora in uso e trattati dettagliatamente in seguito. Successivamente si sarebbero aggiunti il foro per il pollice sinistro, detto portavoce e l'ultimo foro in basso, fino a rendere definitivo il flauto con un numero di otto fori. Costruito in legno e con la tipica imboccatura a becco (detta anche a fischietto), ha assunto forma definitiva solo nel XVI secolo, mantenendola fino alla seconda metà del XVII, formando una famiglia di flauti di diverse dimensioni. Per tutto il Rinascimento i flauti furono costruiti in un solo pezzo, indipendentemente dalle dimensioni. Solo i sette esemplari di Franciscus Kynseker della seconda metà del Seicento interrompono questa procedura, con la parte superiore staccata da quella del corpo. Apparentemente costituito da solo quattro taglie, nel *Syntagnum Musicum* di Praetorius il consort di flauti si compone di svariate tipologie di strumenti, da un esemplare lungo solo 20 centimetri fino al flauto contrabbasso, lungo più di 2 metri. Soltanto il Flauto basso in fa vede la presenza della chiave con una leva dotata di un tampone di cuoio, con la funzione di otturare il foro più lontano, facilitando così l'esecutore. Questo primo tipo di chiave era detta aperta (facendo rimanere il foro aperto) e si distingue appunto da quella chiusa (che ha il funzionamento inverso). I flauti bassi, inoltre, essendo molto lunghi avevano bisogno di un tubo di ottone curvato a forma di S, fissato sull'imboccatura. Il motivo di questa particolarità è determinato dall'impossibilità per l'esecutore di soffiare nell'imboccatura e al contempo arrivare a chiudere i fori con le dita. Il Flauto dolce fu chiamato Flûte à bec in Francia, Blockflöte in Germania (in riferimento al blocchetto di legno che forma il canale di insufflazione) e Recorder in Inghilterra.

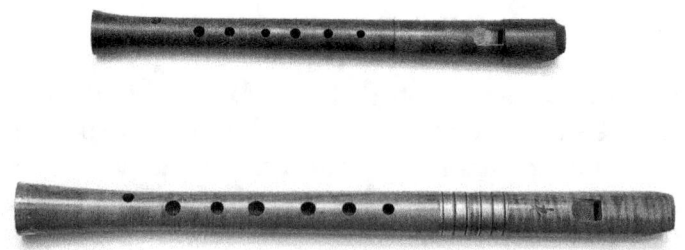

Flauti dolci rinascimentali, in acero tinto (in alto)
e contralto in pero (in basso)

Flauto dolce rinascimentale tenore in acero tinto

IL FLAUTO BAROCCO

Nel corso del XVII secolo il Flauto dolce fu modificato in maniera significativa. Le modifiche apportate furono tali da addolcirne il suono e da renderlo uno strumento completamente cromatico su tutta la sua estensione di circa due ottave. Furono aggiunti due fori, uno per il mignolo destro e l'altro per il pollice sinistro, detto anche portavoce; queste trasformazioni segnarono il definitivo e attuale aspetto del flauto dolce. Anche grazie al miglioramento organologico strumentale, molti importanti compositori inserirono il Flauto dolce nelle loro opere, dando origine al suo enorme repertorio. In epoca barocca si iniziò a costruire il flauto dolce in tre parti, mentre nel Rinascimento era costruito in un pezzo unico o al massimo in due. Anche dal punto di vista estetico, i flauti barocchi erano realizzati in maniera più accurata e decorativa, nel rispetto degli elementi di stile dell'epoca. Gli strumenti barocchi erano costruiti con legni molto duri, come il bosso o l'ebano. Diversi costruttori realizzavano i flauti in legno, con il becco e le giunzioni rivestite in avorio o in argento, a fini estetici e per prevenire fessure o spaccature del legno nei punti in cui esso risultava più sottile. Alcuni strumenti erano realizzati interamente in avorio. È bene sottolineare che il periodo barocco segnò una tappa importante per la denominazione dei due flauti, diritto e traverso, dando però adito ad una certa confusione che dura ancora oggi; nel XVII secolo infatti, il Flauto dolce era chiamato semplicemente Flauto, mentre il Flauto traverso si chiamava Traverso o Traversiere. Esempi di questo tipo di equivoco sono da riferire in special modo a particolari composizioni, come il quarto *Concerto Brandeburghese* di Johann Sebastian Bach, scritto per due Flauti d'echo; un termine che desta subito qualche interrogativo sul tipo di strumento richiesto, ed oggi il *Concerto* viene eseguito con flauti dolci e raramente con traversi. Altro caso analogo è quello dei tre Concerti di Antonio Vivaldi per Flautino, uno strumento che verosimilmente è quello che oggi chiamiamo Flauto dolce sopranino, anche se per molto tempo le esecuzioni di queste composizioni hanno utilizzato l'Ottavino. È anche da considerarsi la pratica utilizzata in questo periodo, in cui buona parte delle musiche dell'epoca per strumento a fiato (con o senza basso continuo) si potevano eseguire indifferentemente sul Flauto dolce, sul Traverso o sull'Oboe; questa indicazione è comunque fornita esplicitamente nel frontespizio delle raccolte d'epoca. Come per il Traversiere, i flautisti barocchi (di flauto diritto) si fornivano di strumenti capaci di variare il proprio diapason; anche se questo si aggirava attorno ai 415 Hertz, poteva variare a seconda della cappella di corte di appartenenza o da città a città. Quindi gli strumentisti si dotavano di flauti con due o tre sezioni centrali intercambiabili, rendendo gli strumenti diversamente accordabili.

Successivamente all'epoca barocca, Il Flauto dolce ha mantenuto essenzialmente le stesse caratteristiche strumentali, sia dal punto di vista organologico che estetico, conservandole fino ad epoca moderna. Naturalmente non sono mancati esperimenti di vario genere ma, per quanto riguarda l'evoluzione meccanica (caratteristica determinante del traverso), la presenza di leve, chiavi e tasti, ha riguardato solo gli strumenti gravi. Il Flauto dolce ha comunque continuato ad ampliare tangibilmente il suo repertorio, con autori che hanno impiegato questo strumento in organici cameristici ed orchestrali, componendo numerosi brani solistici.

Da sinistra a destra
Flauto dolce barocco contralto in bosso modello Denner
Flauto dolce barocco soprano in palissandro modello Rottenburg
Flauto dolce barocco sopranino in ebano modello Rottenburg

Flauto dolce basso (moderno) in acero

VI
Il Flauto traverso

PERSONAGGI E REPERTORI

È possibile ricostruire un quadro dell'evoluzione del flauto attraverso i personaggi e i vari contesti e componenti storico-musicali. Sono sicuramente tanti, anche se non in maniera così strettamente connessa al flauto, coloro i quali hanno contribuito a valorizzare l'arte musicale. Fondamentali per la crescita e la diffusione della musica sono i trattati, reali testimoni di prassi esecutiva, di tecnica degli strumenti e della loro relativa costruzione; va ricordato che illustri personaggi della storia, come i filosofi Platone e Tolomeo o il matematico Pitagora, iniziarono a sostenere rilevanti ed importanti tesi sulla musica; essi furono autori dei primi saggi e trattati musicali. È piacevole aggiungere che altri personaggi celebri hanno praticato il flauto traverso; degni di nota sono il Re Federico II di Prussia, il filosofo Arthur Schopenhauer e il compositore Piotr Ilic Ciaikovski.

Volendo scorrere velocemente alcuni mutamenti radicali della trasformazione della teoria musicale, che hanno influenzato l'evoluzione degli strumenti e le loro caratteristiche, è sufficiente pensare alle scale modali rinascimentali, alla pratica del basso continuo del periodo barocco o all'impiego dell'estensione più ampia degli strumenti con una relativa ricerca di nuove sonorità timbriche e dinamiche. Le svariate motivazioni teoriche si sarebbero quindi riflesse in modo pratico nel progresso e perfezionamento del flauto. Nel corso della storia del periodo barocco si delineano i musicografi determinanti della storia del flauto: Johann Joachim Quantz e Jacques Hotteterre, autorevoli flautisti-costruttori e compositori. Altri trattatisti, appartenenti al cosiddetto filone tedesco a fianco allo stesso Quantz, furono Michael Praetorius, Johann Matteson, Athanasius Kircher, Johann Adolf Sheibe e per il filone francese di Hotteterre, François Couperin, Martinus Agricola e Gioseffo Zarlino.

Nell'evoluzione del flauto traverso è stato determinante ovviamente l'operato dei grandi compositori della storia; per menzionarne qualcuno si pensi a Bach, Telemann, Vivaldi per il barocco, Mozart e Beethoven per il periodo classico e ancora Schubert, Brahms o Debussy, Prokofiev e tanti altri ancora. Il flauto, in qualche modo, ha seguito le trasformazioni che andavano subendo le nuove forme compositive, andando ad adattare e potenziare le proprie possibilità strumentali in relazione ai cambiamenti degli stilemi della composizione. Ma la scrittura dei grandi compositori è stata spesso alimentata e stimolata dai più rappresentativi interpreti; questa, d'altronde, rappresenta la più preziosa collaborazione per lo sviluppo della letteratura di ogni strumento.

Lo sviluppo del flauto deve i suoi effetti anche ai flautisti-compositori e ai flautisti-esecutori come Karl Joachim Andersen, Ernesto Köler, Friedrich Kuhlau, Jean-Louis Toulou, Marcel Moyse, Leonardo De Lorenzo, Severino Gazzelloni, Jaen-Pierre Rampal, James Galway e tanti altri.

Varie fasi hanno preceduto l'adozione del sistema Boehm. Per quanto riguarda il processo di meccanizzazione, tra la seconda metà del Settecento e la prima metà dell'Ottocento si passò attraverso le tappe intermedie con flauti a tre, cinque, sei e otto chiavi; dal flauto conico dell'epoca barocca si giunse al flauto dal corpo cilindrico del sistema Boehm. Teobald Boehm fu assistito, ispirato e stimolato da altri flautisti-costruttori come William Gordon con i suoi preziosi esperimenti e il britannico Charles Nicholson con il suo operato tecnologico sull'imboccatura e sulla realizzazione dei fori. Nel corso dell'Ottocento operarono altri costruttori, anche se i loro strumenti non sopravvissero a lungo; vale comunque la pena di citare Richard Carte, che utilizzò parzialmente il sistema Boehm; Richard Sidney Pratten, con un flauto intermedio tra Ziegler (per la diteggiatura) e Boehm (per la cameratura); Richard Shepherd Rockstro che, oltre a scrivere il più voluminoso trattato per flauto, si dedicò alla realizzazione di strumenti molto apprezzati tra cui il "1877 model" (molto simile al modello Boehm). Altri costruttori italiani e stranieri della fine dell'800 diedero vita ad un numero consistente di strumenti sistema Ziegler; tra questi (titolari delle omonime case costruttrici) vanno nominati Johann C.D. Heyl, Ubaldo Luvoni, Egidio Forni. I loro flauti ebbero una notevole diffusione grazie all'impiego che ne fecero eminenti flautisti come Giuseppe Rabboni, Giulio Briccialdi, Anton Bernhard Furstenau, Cesare Ciardi ed altri. Tornando al flauto Boehm, il suo perfezionamento si ebbe grazie ai preziosi interventi di flautisti come il francese Louis Dorus, che invertì il funzionamento della chiave del *sol diesis* da aperta a chiusa, e l'ingegnoso Giulio Briccialdi, che perfezionò la chiave del *si bemolle*. Prima che il metallo divenisse il materiale più usato per la realizzazione del corpo del flauto del Novecento, si era già tentato un primo utilizzo nel Settecento, rivestendo il tubo con l'ottone. Nella seconda metà dell'Ottocento il flauto iniziò ad essere costruito in leghe metalliche più resistenti rispetto al legno; Agostino Rampone (con brevetto del 1879) progettò il cosiddetto flauto a "doppia cameratura" realizzando degli strumenti robusti e indeformabili che prevedevano un doppio canneggio completamente in metallo.

È interessante esaminare alcune pagine flautistiche per comprendere le ragioni che determinarono il sopravvento del flauto Boehm su quello Ziegler. La composizione *Introduzione, Tema e Variazioni op. 160* (per flauto e pianoforte) di Franz Schubert, appartenente al cosiddetto repertorio Biedermeir (come tanta altra musica di quel periodo con chitarra - e non solo -), appare chiaramente connessa al flauto sistema Ziegler, per ragioni storiche e geografiche. Anche se il Traversiere continuava ad essere utilizzato fino all'inizio dell'800, dunque non moltissimi anni prima della data di composizione di questo brano (1824), è molto difficile pensare che l'esecuzione di questa composizione con il flauto ad una chiave sarebbe risultata adeguata e soddisfacente, valutando proprio le caratteristiche di scrittura e lo stile del brano. Per la presenza di note come il si 2, arpeggi veloci ascendenti nel registro acuto sfruttando pressoché tutta la terza ottava, passaggi virtuosistici nelle tre ottave, è ovvio considerare che questa composizione nasceva proprio per la tipologia dei flauti Ziegler. Infatti, la fattura flautistica viennese dell'Ottocento si distingueva per i suoi flauti conici estesi al registro grave e in grado di salire al registro acuto con una tecnica agile, facilitando i passaggi virtuosistici nei diversi registri. Per questo tipo di strumento avevano scritto varie composizioni tecnicamente complesse alcuni grandi flautisti-compositori; tra queste opere ricordiamo la *Fantasia "Linda di Chamounix"* (per flauto e pianoforte) di Giuseppe Rabboni, i *Sei soli virtuosistici* (per flauto solo) di Cesare Ciardi, o ancora la *Fantasia "Il templario"* (per flauto e pianoforte) di Giulio Briccialdi. Queste composizioni, oltre a sfruttare le capacità del flauto Ziegler, miravano a raggiungere le tipiche caratteristiche espressive violinistiche di cavata sonora.

Facendo un salto nel repertorio cameristico del Novecento, ci si accorge che la scrittura flautistica cambia decisamente, sia nel tipo di tessitura che nell'utilizzo delle capacità strumentali. Nella *Sonata op. 94* di Sergej Prokofiev (per flauto e pianoforte del 1944) è richiesto innanzitutto un forte vigore dinamico ed emozionale; le parti tematiche sono affidate al flauto nel registro grave spesso con dinamiche di "mezzo forte" e "forte"; nel primo movimento è presente ben cinque volte di seguito il *re* sovracuto (re 6) come nota culminante di uno scomodo arpeggio ascendente. L'uso ripetuto di questa nota così acuta, in ogni caso, sembra attrarre Prokofiev anche nella pratica dell'orchestrazione; nella *Sinfonia Classica* per orchestra, nella parte di I e di II flauto dell'ultimo movimento (Finale), compare una serie di scale ascendenti di vario tipo con il re 6 come nota di arrivo.

Oggi, l'estensione del flauto verso gli acuti si è dilatata ulteriormente fino a note come il sol, il la e addirittura il si bemolle 6. Le note della quarta ottava risultano comunque sempre ostiche nella loro emissione, nel controllo dell'intonazione e della dinamica. Le solide capacità dello strumento sistema Boehm andarono a soddisfare tutte le esigenze espressive della musica di Prokofiev e degli altri compositori del Novecento attraverso la potenza sonora (superiore al flauto sistema Ziegler), un suono omogeneo e una solida intonazione in tutta la gamma dei suoni dai più gravi ai più acuti.

Il potenziamento del flauto Boehm (meno diffuso rispetto a quello Ziegler in una prima fase storica) avrebbe portato a superare le qualità dello strumento viennese per il maggiore equilibrio sonoro e per varie possibilità timbriche ed espressive. I due tipi di strumenti avrebbero poi preso due distinti indirizzi di utenza: quello Boehm fu preferito dai solisti e dalle prime parti delle orchestre, mentre il flauto Ziegler, prima di essere accantonato definitivamente, continuò a soddisfare un target di tipo più amatoriale e bandistico.

L'evoluzione del flauto è proseguita nel corso del XX secolo con svariati esperimenti sulla costruzione della testata, sulla fattura del foro dell'imboccatura, del pozzetto e dei caminetti. Il Novecento è stato caratterizzato dall'impiego di vari materiali come l'argento, l'oro, il platino e la fibra di carbonio. Negli ultimi anni sono state poi eliminate le viti di regolazione (per ottimizzare la precisione della meccanica), è stata messa a punto la meccanica Brogger e, ad arricchire l'estetica, sono state praticate varie incisioni ornamentali. I tentativi di rendere più bello e funzionale questo strumento non si sono dunque arrestati e sicuramente continueranno ad essere alimentati da flautisti e case costruttrici.

IL FLAUTO RINASCIMENTALE

Le fonti sul flauto rinascimentale sono ben più consistenti di quelle sul flauto medievale, in quantità e varietà. Numerose sono le testimonianze dall'arte figurativa e da citazioni contenute in opere letterarie di vario genere; si aggiungono, a queste, opere teoriche sugli strumenti musicali e sulle diminuzioni. Inoltre sono ben conservati circa cinquanta strumenti che rappresentano i più antichi esemplari di flauto traverso della tradizione musicale occidentale.

Il flauto rinascimentale si presenta di forma cilindrica, con una lieve conicità alle due estremità; i fori praticati sugli strumenti rinascimentali sono sei più un settimo per l'imboccatura. Nel rispetto del gusto del tempo, gli strumenti hanno un profilo esteriore generalmente sobrio e lineare; nonostante ciò, la loro semplice fattura risulta comunque raffinata nella lavorazione degli svariati materiali quali il bosso, l'ebano, il ciliegio, il prugno e l'acero, ma anche il cristallo e il vetro; nei flauti più preziosi, è possibile trovare anche l'avorio con le ghiere in oro. Il flauto rinascimentale è realizzato prevalentemente in un pezzo unico (e generalmente in due parti quello basso), senza ornamenti e modanature che troveremo invece nei flauti barocchi. Nel Rinascimento riscontriamo l'esistenza di due tipi di flauto traverso: il flauto militare e il flauto per la musica colta; i due strumenti si differenziano per la loro funzione, il relativo repertorio e la fattura. Il flauto militare appare nei dipinti quasi sempre in coppia con il tamburo, in particolare al seguito della fanteria svizzera e lanzichenecca; il compito di questi due strumenti risulta quello di segnare il tempo durante le marce e di infondere coraggio ai soldati nelle battaglie. Secondo lo studioso Thoinot Arbeau, il flauto rinascimentale suonava nel modo frigio e il suo effetto incitava all'aggressività. La scala modale frigia è detta anche "terzo modo" e consiste nella successione dei suoni naturali a partire dalla nota mi.

Il flauto colto è più lungo di quello militare e ha i fori apparentemente più grandi; anche se nella prima fase del Rinascimento sembra non esserci una differenza di utilizzo dei due strumenti nella pratica della polifonia, il suo impiego è legato puramente al repertorio polifonico. In Italia il flauto traverso rinascimentale viene nominato Traversa, altre volte e in specifiche zone Fiffero o Fiffaro. Le prime formazioni che includono il flauto traverso colto sono quelle in duo con il liuto e in trio con la voce e il liuto; troviamo anche l'accostamento a strumenti a corda come la viola da gamba, l'arpa, la viola da braccio, la spinetta o il clavicordo.

La famiglia dei flauti rinascimentali (detta *consort* sotto l'aspetto polifonico) è citata per la prima volta da Martinus Agricola (1483-1556) nel suo trattato *Musica instrumentalis deudsch*; essa è composta da tre taglie di strumenti che prendono i nomi da tre delle quattro voci fondamentali della polifonia: il *discantus* (corrispondente al flauto soprano), il *tenor-altus* (il tenore) e il *bassus* (la parte di basso). Spesso il consort di flauti veniva utilizzato nel suo complessivo, appunto per creare l'effetto polifonico.

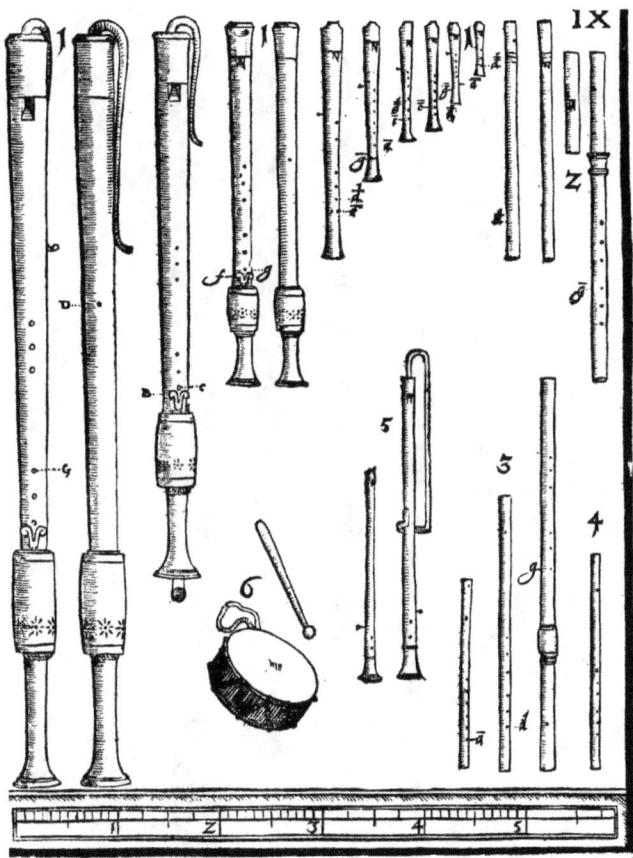

Blockflöten/ gang Stimwerck. 2. Dolgflöit b g. 3. Querflöiten/gang Stimwerck
4. Schweizerpfeiff. 5. Stamentien-Baß vnd Discant. 6.Klein Päucklin:
zu den Stamentien Pfeifflin zugebrauchen.
B 3

Michael Praetorius, Syntagma musicum: De organografia
Tavola di flauti dritti, traversi, militari, a tre fori e tamburello.

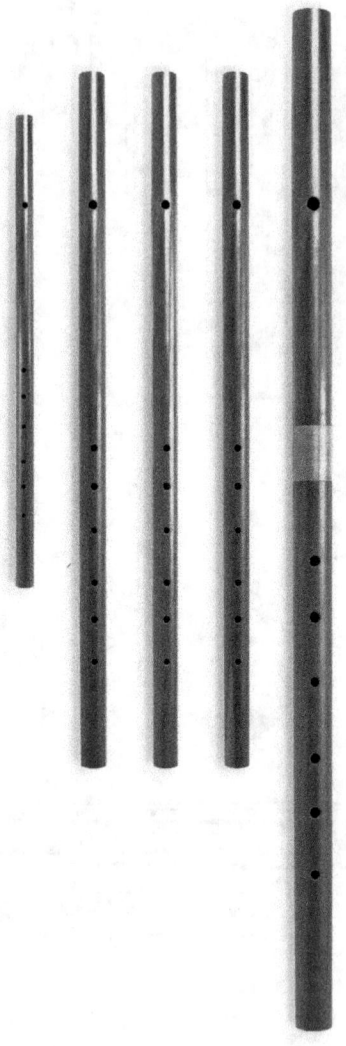

Consort di flauti rinascimentali
1 discantus, 3 tenor-altus, 1 bassus.

Una delle prassi esecutive fondamentali rinascimentali è il coro misto; l'impiego del flauto legato a questa pratica appartiene alla musica di corte, con organici sia vocali che strumentali (con soli fiati e con gruppi misti di strumenti a fiato e a corda). Le forme musicali della pratica rinascimentale sono il *Ricercare*, il *Lied*, il *Mottetto*, il *Madrigale* e vari tipi di danze. Non è ancora definita la destinazione negli organici delle partiture poiché la scelta delle voci della polifonia è attribuita con il semplice riferimento all'altezza degli strumenti; inoltre, l'adattabilità dei repertori dà la possibilità di suonare nelle varie tonalità grazie anche alla pratica degli strumenti traspositori. L'estensione di questi flauti ha una gamma di suoni variabile, rapportata ai vari trattati e alle relative tabelle di diteggiature; quella più attendibile corrisponde a due ottave complete e una quinta superiore. Anche il diapason dei flauti rinascimentali è molto instabile e ruota attorno a 410 Hertz. Nel Rinascimento, oltre alle caratteristiche diminuzioni (la tipica pratica di realizzare ornamenti improvvisati secondo precise regole), vennero affrontati ed analizzati nei trattati i fondamenti teorici e strumentali, come la cura dell'intonazione, l'uso dell'articolazione e del vibrato. Le notevoli motivazioni emerse dall'epoca rinascimentale fanno da preludio alla conseguente e prosperosa epoca del Barocco.

IL FLAUTO BAROCCO

Definito anche Traversiere o "ad una chiave", il Flauto barocco, eredita il suo nome dalla Traversa, ovvero il flauto da cui ha diretta origine. Si intende comunemente per Traversiere lo strumento apparso attorno al 1680 e utilizzato all'incirca fino alla fine del Settecento. La derivazione del suo nome è legata inoltre alla denominazione francese Flûte traversière con la quale si andava a distinguere il flauto traverso da quello dolce, che nel periodo barocco era indicato semplicemente con il nome Flauto; in Inghilterra, il flauto traverso barocco era chiamato German flute. Le caratteristiche del Traversiere sono le seguenti: è diviso in tre o quattro pezzi a seconda dei modelli e della sua provenienza; ha una cameratura cilindrica nella testata e conica nel corpo (a restringersi verso l'estremità finale); il piede (che nel flauto moderno avrebbe preso il nome di trombino) può avere talvolta una cameratura cilindrica o altre volte conica in senso inverso al corpo.

Traversiere modello Denner - Museo Germanico di Norimberga

L'estensione del flauto nella letteratura barocca va in genere dal re 3 al fa diesis 5; a volte scende al do diesis o eccezionalmente al do 3 (solo in alcuni strumenti con il piede lungo come ad esempio il Jacob Denner) e sale al la 5 (un raro caso è rappresentato dall'ultima nota dell'*Allemande* della *Partita* di J. S. Bach). Il Traversiere, così come il Flauto rinascimentale, è tagliato nella tonalità di re (ovvero la scala prodotta dalla serie dei suoi fori risulta quella di re maggiore); ha sei fori per le dita (indice, medio e anulare delle due mani) più un settimo controllato dal mignolo destro tramite l'unica chiave; quest'ultima è chiusa, ovvero va ad aprire il foro quando viene abbassata. È importante ricordare che nel flauto dell'epoca di Quantz, il mignolo destro azionava due chiavi, una per il re diesis e l'altra per il mi bemolle. Infatti, a quel tempo non esisteva ancora il sistema di temperamento equabile[6]; quindi re diesis e mi bemolle non erano considerate note omofone ma di suono diverso.

IL FLAUTO CLASSICO

Il periodo classico fu caratterizzato essenzialmente da vari miglioramenti evolutivi del flauto cosiddetto barocco che, nel modello più diffuso, presentava sei fori più il settimo gestito da una chiave. Per migliorare sia l'emissione che l'intonazione di alcuni suoni, vennero progressivamente applicati nuovi fori ed ideate apposite chiavi. Dal 1760 circa, l'estensione del flauto venne ampliata in modo definitivo verso le note gravi con la creazione di un piede più lungo con due chiavi aperte per produrre il do diesis 3 e il do 3 . Le successive innovazioni, invece, possono essere così schematizzate:

Joseph Tacet (? -1801, di probabile origine francese) ideò le chiavi chiuse per il sol diesis e il si bemolle azionate rispettivamente dal mignolo e dal pollice della mano sinistra; il tedesco Johann Tromlitz (1725-1805) applicò la

---

6 - Prima dell'adozione di questo temperamento era utilizzato il temperamento mesotonico; l'introduzione del sistema equabile si deve alla teoria del saggista e organista tedesco Andreas Werckmeister (contenuta in *Musikalische Temperatur* del 1691) e alla pratica di J. S. Bach contenuta nel *Clavicembalo ben temperato* (in tutte le 24 tonalità maggiori e minori). Esso è il frutto della divisione dell'ottava in dodici semitoni perfettamente uguali.

chiave del fa azionata dall'anulare destro per ottenere il fa naturale senza la posizione a forchetta (la stessa chiave è conservata oggi nell'oboe); un altro tedesco, Karl August Grenser (1720-1805), introdusse una chiave aggiuntiva per il do medio (azionata dall'indice sinistro) e una chiave per il fa azionata dal mignolo sinistro (per la posizione alternativa rispetto a quella di Tromlitz).

Il flauto classico a sei chiavi

Le varie modifiche, oltre che per la naturale evoluzione organologica, si resero necessarie per migliorare le sonorità deboli delle note cromatiche (ottenute con le diteggiature a forchetta), a favore di una omogeneità di suono più adatta alla musica di Haydn, Mozart e Beethoven. Si realizzò dunque un flauto capace di assecondare, con migliori risultati, i compositori nella libertà di scrivere in tutte le tonalità e di facilitare gli esecutori supportandoli con una maggiore uniformità nei vari registri e negli equilibri dell'intonazione. Il foro dell'imboccatura fu ampliato al fine di ottenere una maggiore sonorità adatta sia agli organici orchestrali divenuti più ampi, che alle grandi sale che ospitavano i concerti stessi. Nel periodo classico furono quindi svariati i tentativi di potenziare il flauto sia per la sonorità che per la tecnica; nonostante ciò, gran parte delle opere di Mozart (e di altri compositori) furono pensate per il flauto dell'epoca di Quantz ad una chiave. Anche la *Serenata op. 25* di Beethoven risulta venisse eseguita sia sul flauto ad una chiave che su quello meccanizzato; inoltre, composizioni di inizio Ottocento, tra le quali alcune di Devienne, furono composte per il flauto modello barocco. In alcuni casi specifici veniva indicato lo strumento da utilizzare o che sarebbe stato utilizzato; ad esempio, nel *Concerto per flauto e arpa* di Mozart, scritto nel 1778 (dove il flauto arriva al do grave), lo stesso autore specificava che lo strumento usato dal destinatario dell'opera (il Duca di Guisnes) era un tipo di flauto a sei chiavi; si trattava infatti di uno strumento presentato a Londra da Potter e Gedney nel 1770 circa. In seguito, nel corso della prima metà dell'Ottocento, si affermò il flauto ad otto chiavi che ben si prestava, oltre al repertorio solistico, alla scrittura dell'orchestra classica. Nella pratica dell'orchestrazione, vennero sfruttate al meglio le caratteristiche timbriche di questo strumento, utilizzato particolarmente nel registro medio-acuto. Per quanto riguarda il diapason di riferimento di questo periodo, si oscillava da 415 a picchi di 440 Hertz (quello che sarebbe divenuto il diapason moderno sancito dal Congresso di Londra del 1939); era preferita comunque un'intonazione media compresa tra 425 e 435 Hertz.

IL FLAUTO ROMANTICO

Il Romanticismo musicale inizia, secondo il parere di alcuni studiosi, nel 1827; questa data è molto prossima a una delle tappe determinanti per il flauto traverso dal punto di vista organologico; infatti, nel 1831, Theobald Boehm iniziò ad elaborare quel sistema di chiavi che avrebbe trovato la sua applicazione stabile per questo strumento. L'opera di Boehm avrebbe raggiunto il sostanziale obiettivo nel 1847, determinando il passaggio dal flauto conico a quello cilindrico per la definitiva caratterizzazione dello strumento attualmente in uso. Le qualità che daranno la meritata gloria al flauto Boehm si identificano principalmente nella potenza di suono, nella facilità nel registro acuto e sovracuto e nell'intonazione stabile. L'epoca romantica segue la meccanizzazione del flauto con i primi strumenti a quattro, sei e otto chiavi; vede inoltre la diffusione di flauti di fattura quasi esclusivamente tedesca e austriaca.

Se da un lato la scrittura compositiva del periodo romantico segue l'evoluzione del flauto meccanizzato, dall'altro ne stimola le fasi. Nel ruolo orchestrale il flauto riceve le attenzioni dei grandi compositori, i quali non gli dedicano la stessa considerazione per il repertorio solistico e da camera, che al contrario è ricco di brani di flautisti-compositori. A contraddistinguere il flauto romantico sono le nuove atmosfere timbriche, a volte eteree dell'Impressionismo e dell'Espressionismo; è evidente l'estensione della tessitura e della dinamica negli episodi orchestrali con scritture inconsuete fino ad allora. Il flauto si apre inoltre ad alcune innovazioni tecniche che saranno alimentate nel Novecento, come il glissato, il frullato e i doppi suoni.

Il flauto sistema Ziegler

Johann Ziegler (1795-1858), flautista e costruttore austriaco, intorno al 1840 perfezionò il flauto traverso in maniera rilevante e significativa. Fondò un'autorevole ditta costruttrice di flauti, che poi passò al figlio Johann Baptist (1824-1879), creando un marchio molto apprezzato non solo in Austria ma in tutta Europa, con una produzione enorme. La ditta Ziegler arrivò infatti a produrre, nella seconda metà dell'Ottocento, ben diecimila strumenti ogni anno. Vienna divenne la patria di questo modello di flauti; insieme alla Ziegler ci fu un'altra rinomata ditta costruttrice, la Stefan Koch, che però non arrivò ai livelli della Ziegler. Questi strumenti erano dotati di molte chiavi e doppie leve (in numero di 13, 15 e perfino 16 o 17) ed erano discendenti al si bemolle, al la e persino al sol 2. Il grande successo dei flauti Ziegler fece sì che si sviluppassero svariate ed importanti case costruttrici di questo tipo di flauti in tutta Europa. Tra queste vanno ricordate: la Johann C.D. Heyl di Francoforte, la Ubaldo Luvoni di Milano, la Egidio Forni di Milano. Fu proprio per il tangibile merito della qualità di questi strumenti che l'adozione del flauto Boehm arrivò piuttosto tardi in Austria e anche in altri Paesi, tra i quali l'Italia.

Flauto in bosso sistema Ziegler

Il cosiddetto – impropriamente – flauto "tedesco" o più tardi definito "vecchio sistema" (proprio perché avrebbe lasciato definitivamente il campo a quello sistema Boehm) si distingueva, oltre che per la caratteristica fattura in legno, per la presenza delle lunghe chiavi, ma soprattutto per la sua estensione e per la tecnica agile. Il forte potenziale dei flauti sistema Ziegler era quindi legato alla capacità di scendere fino a note molto gravi e di arrivare comodamente fino a note molto acute come il do 6; inoltre, grazie alle tante chiavi, si potevano realizzare trilli e passaggi di virtuosismo tecnico ritenuti impossibili da effettuarsi fino a qualche decennio prima.

Il flauto sistema Boehm

Theobald Boehm (1794-1881) fu flautista, compositore e costruttore di strumenti a fiato; fu colui al quale si deve il concepimento del flauto traverso moderno. Egli elaborò un sistema di chiavi che trovò applicazione nel flauto, ma anche nel clarinetto, oboe e fagotto (per i quali però ci furono altre trasformazioni tecnologiche definitive). Per la chiusura dei fori adottò un meccanismo di chiavi permettendo di chiudere due o più fori con un solo dito. Boehm, prima di giungere al primo importante modello del 1832 e poi al secondo del 1847, si rifece agli studi ed esperimenti che altri costruttori avevano effettuato in Germania, tra cui William Gordon, con il quale collaborò; fu attorniato da costruttori di altre nazionalità come Richard Carte, Richard Sidney Pratten, Richard Shepherd Rockstro. Il suo rivoluzionario tipo di flauto del 1847, dal corpo cilindrico e dalla testata conico-parabolica, sostanzialmente coincide con quello adottato oggi universalmente. Dopo periodi di approfondimento in giro per l'Europa, Boehm tornò in Germania e si dedicò esclusivamente al perfezionamento del flauto, facendo tesoro di ciò che aveva visto. Applicando scrupolosamente le leggi dell'acustica unite al suo ingegno, riuscì a stabilire con esattezza la posizione dei buchi sul flauto (che fino ad allora venivano realizzati solo con l'ausilio dell'orecchio), il diametro massimo dei buchi e fissò la forma e la giusta posizione del foro di imboccatura. Per la perforazione cromatica dei fori, si servì di una serie di tubi cilindrici di metallo che accordò tutti con uno stesso suono (ovvero il do 3). A ogni tubo praticò un foro in modo tale da ottenere il suono del semitono successivo più alto. Fissate le giuste distanze fra i vari fori, riportò gli stessi su un unico tubo metallico. Definì l'estensione del flauto dal do 3 al re 6 e, grazie a svariati esperimenti, migliorò la resa e l'intonazione dello strumento realizzando la testata leggermente conico-parabolica e lasciando il corpo cilindrico. Boehm realizzò un unico asse sul quale erano fissate tutte le chiavi della parte centrale dello strumento (il corpo); solo la chiave del sol diesis restò isolata dalle altre e creata originariamente aperta. Solo successivamente venne invertita e resa chiusa dal flautista francese Louis Dorus. Anche la leva del si bemolle, azionata dal pollice della mano sinistra, rimase isolata, per essere successivamente modificata definitivamente dal flautista e compositore italiano Giulio Briccialdi. Sul foro dell'imboccatura dei flauti in metallo venne applicata successivamente una placca di appoggio detta boccoletta, che nello strumento di legno non era presente (o solo accennata, per evidenti ragioni di spessore del materiale). Inizialmente, la diffusione del sistema Boehm venne contrastata anche dalla forte considerazione di cui godeva il flauto Ziegler da parte dei vari flautisti affermati che lo adoperavano; non mancarono infatti i tentativi per migliorare, attraverso varie modifiche, il flauto Ziegler, proprio per farlo sopravvivere. Alla fine però, data la superiorità e l'alto livello qualitativo del sistema Boehm, quest'ultimo si impose sul sistema Ziegler, che venne progressivamente accantonato.

Il Flauto traverso dei nostri giorni, nonostante le innumerevoli sperimentazioni tecnologiche relative alla fattura, ai materiali e all'estetica (ampiamente illustrate nel primo paragrafo del VII capitolo), conserva dunque lo stesso sistema di chiavi che Theobald Bohem depositò con il suo secondo brevetto, nell'anno 1847.

Flauto in ebano sistema Boehm

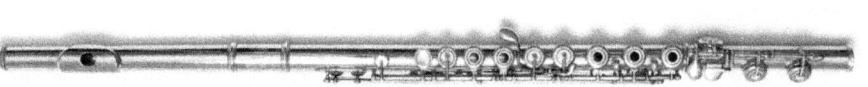

Flauto traverso Louis Lot in argento

VII
I linguaggi

In questa sezione vengono indicate le caratteristiche principali dei linguaggi relativi agli strumenti illustrati nel presente testo. Sono inseriti concetti e riferimenti essenziali riguardanti i contesti storici e territoriali degli stili più originali e significativi, con brevi descrizioni circa le caratteristiche principali relative a prassi esecutiva, strumenti usati, ruolo e importanza della musica nelle popolazioni di riferimento. La funzione di tali relazioni è quella di contestualizzare maggiormente i flauti tipici in quella determinata sfera stilistica.

LA MUSICA ANDINA

La storia delle Ande appartiene a quella dei nativi d'America, espressione che raggruppa tutti i popoli indigeni che occupavano l'America prima della colonizzazione europea. Definiti con il termine di "indiani", i nativi americani furono chiamati in questo modo improprio per il fatto che Cristoforo Colombo, con il suo viaggio transoceanico intendeva trovare una rotta alternativa per giungere sulle coste del subcontinente indiano; ciò portò a definire le nuove terre scoperte Indie occidentali. Il termine *indios*, spagnolo ed anche portoghese, è utilizzato per riferirsi alle popolazioni indigene dell'America latina. La musica dei nativi americani è quasi interamente monofonica anche se non mancano eccezioni. La musica nativa tradizionale prevede spesso i tamburi ma anche i flauti vengono impiegati da vari gruppi. Tra questi ultimi strumenti va menzionato inevitabilmente il Native american flute (trattato nella relativa sezione dei flauti etnici). I popoli più rappresentativi della musica dei nativi d'America e soprattutto della musica andina sono senza dubbio quelli degli Aztechi, dei Maya e degli Inca; tra le genti mesoamericane, la musica si sviluppò di pari passo con il culto delle divinità e sin dall'inizio della loro storia si trovano tracce del suo uso come parte integrante del concetto divino. Nella cultura azteca, l'elemento musicale era infatti utilizzato prevalentemente in occasione di cerimonie religiose, processioni, feste, giochi e azioni di guerra. La prassi esecutiva di questo popolo, come quella di altre etnie preispaniche, prevedeva insiemi misti di voci accompagnate da strumenti. La musica indigena dell'antico Messico era basata sulla struttura della scala pentatonica, sostanzialmente monodica e di impianto omofonico, con un ambito intervallare assai limitato e accompagnata dal suono di campane, corni e tamburi (tipici quelli degli Aztechi, formati da un legno cavo piuttosto lungo con fessure sui lati). Veniva trasmessa per tradizione orale, poiché non esisteva alcuna notazione musicale, ma vi erano soltanto ideogrammi (o geroglifici, o glifi) rappresentanti canto e musica. Gli strumenti a fiato, tipici degli Aztechi e del popolo dei Maya, erano il Tlapizzalli, flauto in legno ed osso, e il Huilacapitztli, tipo di ocarina a forma di piccolo contenitore in legno o terracotta, con cui si ottenevano fischi di sonorità e altezze diverse. Un altro popolo che abitava l'odierno Messico era quello dei Maya, del quale ci è nota la civiltà musicale soprattutto per gli strumenti raffigurati nell'iconografia murale e rupestre, che ci permette di conoscere gli avvenimenti rituali, nonché di osservare l'utilizzazione degli strumenti utilizzati in occasione dei vari cerimoniali. Per quanto riguarda gli Inca, secondo gli storici, la musica tradizionale di questa popolazione è considerata la più completa e avanzata del suo tempo, con forme legate soprattutto alla danza. Gli strumenti, realizzati di argilla, osso e legno, includono la Quena, strumento ampiamente utilizzato e presente in diverse forme e materiali (che rappresenta il flauto diritto a tacca più diffuso), il Pinquillo e l'Antara (conosciuto in Europa come flauto di Pan), in svariate fattezze.

LA MUSICA ARABA

L'arte musicale araba è forse ciò che subito sovviene nell'immaginario collettivo, non appena la mente si volge ad Oriente. Com'è noto i popoli hanno da sempre preferito prima il canto che la recitazione, così come hanno scelto di ricordare e tramandare attraverso la memoria, piuttosto che scrivere e divulgare. La cultura araba preislamica (nota come "della *Jahiliyya*" e chiamata in questo modo dai dotti Musulmani per significare "dell'ignoranza dalla parola di Dio"), è in netta contrapposizione con la rivelazione del profeta Maometto, e conosciuta proprio tramite testimonianze di tipo musicale. Le prime attestazioni di forme musicali risalgono a particolari componimenti poetici che vedevano la presenza dell'elemento vocale (analogamente alla tradizione dei miti greci) detti *qasidat*, tramandati di generazione in generazione e mantenevano alto il nome o il ricordo di gruppi etnici, capi guerrieri e principi, che erano i primi protagonisti dei componimenti; le esibizioni durante le feste potevano prevedere l'accompagnamento di uno strumento a corde, l'Oud (il liuto arabo); i temi di questi canti ricordano quelli dell'antica Grecia. La musicalità è rimasta come caratteristica portante della cultura arabo-islamica; e se il popolo arabo-pagano era solito musicare il proprio patrimonio letterario, con l'avvento del profeta Maometto si amplificò tale abitudine. Tutt'oggi il *Corano* viene salmodiato (quindi cantato) o recitato; tutta una serie di cantanti appartenenti alla scena musicale araba moderna, tra cui la famosa Oum Kalthoum, sono o sono stati recitatori del *Corano* prima che veri e propri cantanti. Anche se le origini della musica in senso lato si possono ritenere comuni, essa ha avuto nel tempo esiti differenti, mantenendo comunque una somiglianza teorica e strutturale. I musicologi tendono a diversificare varie scuole musicali arabe: quella maghrebina, quella siro-egiziana, quella irachena e quella arabo-africana. Le caratteristiche fondamentali e comuni della musica araba risiedono nell'organizzazione melodica e nella tecnica vocale. Non esiste un sistema temperato e neppure un concetto di armonia. Gli strumenti suonano tutti una medesima linea melodica, differenziandosi per quantità, vale a dire che alcuni strumenti suonano un'ottava sopra ed altri un'ottava sotto rispetto alla linea melodica principale. La notazione non avviene in forma scritta, infatti un musicista arabo non concepirebbe la scrittura del pentagramma. Lo strumento più importante della musica araba è l'Oud, sul quale è costruito il sistema musicale, con le note, i relativi nomi e le relative scale. Il concetto principale di questo tipo di musica è il *maqam*, che si può tradurre come la struttura della composizione musicale. Ogni *maqam* possiede inoltre una sua specificità di contenuto emotivo, ovvero una specifica espressività melodica. I trattati di musica araba sono parecchi e tutti databili in un periodo di tempo che va dal IX al XIII secolo. Non esistono spartiti che accompagnano il musicista durante la propria esibizione ma è lasciato ampio spazio all'improvvisazione. Un concerto può durare diverse ore, durante il quale si avvicendano più esecutori che propongono il proprio repertorio, detto anche *wasla*: esso si compone di una serie di brani cantati e suonati di diversa velocità alternati ad intermezzi strumentali.

LA MUSICA CELTICA

Spesso si è portati ad intendere la musica celtica come un'espressione relativamente moderna. Le origini, però, risalgono a tempi molto lontani che si ricollegano alla tradizione dei Bardi, che rappresentò la più determinante per la musica di tutti i popoli di stirpe celtica. A testimonianza di questo, va ricordato che i Bardi erano riconosciuti come i conservatori del sapere del popolo e che venivano istruiti per memorizzare tutte le tradizioni e i miti popolari; inoltre, va menzionata la prima volta in cui compare la parola bardo in un atto ufficiale: precisamente nel 1449, in gaelico scozzese, per indicare un musicista itinerante. Proprio per le loro spiccate caratteristiche artistiche (in particolare per la poesia, oltre che per la musica), va ricordato il celebre William Shakespeare, definito come "The Bard of Avon", o semplicemente "The Bard" (il poeta era nato a Stratford-upon-Avon). Tradizionalmente classificati come flauti irlandesi, appartengono alla cultura celtica il Whistle (il flauto diritto a becco realizzato in metallo ed altri materiali) e l'Irish flute (il tipico flauto traverso).

LA MUSICA CINESE

Nell'antica Cina, la musica ebbe un posto di notevole importanza, non solo nelle cerimonie religiose e civili ma anche nel ruolo educativo dei giovani. Nel *Memoriale dei riti* vi è un capitolo intero di notevole estensione sulla musica. Tra l'altro vi si afferma che

"la musica nasce nel cuore dell'uomo. Quando il cuore è commosso da cose esterne, la sua emozione si traduce con il tono della voce".

Il sistema musicale cinese e le caratteristiche tecniche ad esso inerenti (temperamento della gamma, natura dei modi, ecc.) sono stati affrontati in diversi trattati, taluni molto antichi. Alcuni di essi, come il Lülü Xinshuo (Il nuovo trattato dei Lü, sec. XII) oppure il *Lülü Qingyi* (Il trattato dei Lü, sec. XVI), descrivono la determinazione del suono fondamentale da cui deriverebbero tutti gli altri. Il suono fondamentale è prodotto da un flauto (il Xiao, lo strumento più importante dell'orchestra antica), ricavato da una canna di bambù lunga circa nove pollici; l'altezza del suono secondo alcuni studiosi si avvicinerebbe al mi 3, secondo altri al fa 3.

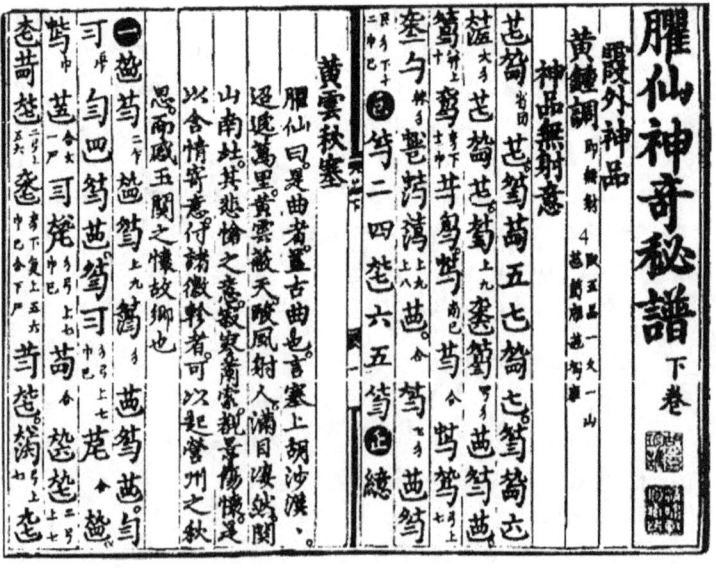

Esempio di spartito cinese - Notazione Qin

Da esso hanno origine, per progressione delle quinte, gli altri suoni (i *lü*), che sono complessivamente 12, con nomi anch'essi evocanti un parallelismo con il mondo naturale. Dalla scala dei *lü* ha origine la scala pentatonica, base del sistema musicale cinese. Verso il 1000 a.C. entrò in uso anche una scala eptatonica, che si formò aggiungendo due note alla gamma pentatonica. Essa segue la seguente notazione: 1 (do), 2 (re), 3 (mi), 5 (sol) e 6 (la). Nonostante l'arricchimento dei nuovi suoni, la scala pentatonica fu sempre la più importante e la più usata in Cina (soprattutto per le musiche popolari), tanto da essere definita "cinese" per antonomasia. Trasportando sui ogni grado della scala dei *lü* la scala ottenuta partendo da ciascuna nota della gamma pentatonica, si ottengono, almeno teoricamente, 60 sistemi modali; secondo la maggioranza degli studiosi, pur ripercorrendo la musica tradizionale cinese sin dall'antichità, non furono mai adoperati tutti.

LA MUSICA GIAPPONESE

In generale la musica tradizionale giapponese dimostra un'acuta sensibilità timbrica, rappresentata anche dall'esistenza di numerosissime varietà degli stressi strumenti. Forse perché priva di aspetto armonico, la musica giapponese dà una grande importanza alla melodia ed è solitamente molto sviluppata sotto questo punto di vista. Ad esempio le parti cantate dei brani vocali di tipo *utaimono* abbondano di melismi, cioè di passaggi in cui una vocale viene prolungata e cantata su figurazioni melodiche che comprendono parecchie note. Quasi sempre la musica occidentale (perlomeno a partire dalla fine del XVI secolo) ha una struttura ritmica ben definita, basata su una successione di cellule ritmiche (le battute) che riproducono invariata la stessa successione di tempi forti e deboli (*tesi* e *arsi*, dal greco). Al contrario, i diversi generi e brani di musica giapponese possiedono una varietà molto ampia di strutture ritmiche. Essa utilizza esclusivamente piccoli gruppi strumentali.

Usando la terminologia della musica occidentale si può affermare che la musica giapponese ha un indirizzo prettamente cameristico; nella maggior parte dei casi essa viene eseguita da un cantante (più raramente da piccoli cori che cantano all'unisono), accompagnato da uno o pochi strumenti musicali. Forse è collegata alla mancanza di armonia e polifonia l'assenza di strumenti gravi e le tessiture dei brani ricalcano abitualmente l'estensione della voce umana. Le performance sono fortemente legate all'interpretazione da parte del singolo esecutore. L'apprendimento della musica è caratterizzato dallo stretto rapporto personale tra il maestro e l'allievo.

Esempio di spartito giapponese – Brano: Haru no umi - notazione Shakuhachi

LA MUSICA INDIANA

Le origini della musica indiana sono indicate dal più antico libro di sacre scritture della tradizione indù, i *Veda*; il *Samaveda*, uno dei quattro *Veda*, descrive ampiamente l'arte musicale. La musica tradizionale indiana si divide in due correnti principali: quella *indostana* (del nord dell'India) e quella *carnatica* (dell'India meridionale). Il tema primario della musica *indostana* è rappresentato da Krishna, celebre divinità della religione induista. I temi fondamentali della musica *carnatica* fanno riferimento invece a Devi e Rama, anch'esse importanti divinità che descrivono i canti dei templi. La musica classica indiana è di tipo monofonico ed è quindi basata su di una singola linea melodica; inoltre è diatonica e modale. Il *Raga*, che è la forma strutturale per eccellenza, comincia con la melodia che si sviluppa gradualmente; l'esecuzione corretta di un *Raga* dura mediamente mezz'ora. L'introduzione del *Raga* è detta *alap* nella musica *indostana* e *alapana*, nella musica *carnatica*. Entrambe le correnti musicali sono basate sul concetto del *Raga*, ma differiscono per la diversa evoluzione; quella *carnatica* enfatizza le qualità vocali piuttosto che quelle degli strumenti. Gli strumenti musicali indiani usati nelle esecuzioni sono la Vina (l'antico Sitar), le Tabla, il Tampura (che realizza il bordone di accompagnamento), il Bansuri e il Sarangi (antico e particolare strumento ad arco). L'apprendimento della musica, come per tutte le altre arti indiane, si basa sulla forte relazione tra maestro e discepolo, conosciuta come *"Guru-Shikshya-Parampara"*. In India, fin dai tempi antichi, l'intera vita musicale dello studente (*shikshya*) si fonda sull'insegnamento orale impartito dal maestro (il *guru*). Era normale per il discepolo, pur non essendo membro della stessa famiglia, vivere per molti anni con il maestro. Durante le lunghe ore di pratica giornaliera, riceveva lezioni secondo l'ispirazione del *guru*. L'apprendimento della musica è tuttora vissuto come uno specie di Yoga, una disciplina spirituale senza il miraggio di ricompense mondane, che viene fedelmente tramandata alle future generazioni.

Esempio di spartito indiano - notazione Bhat

Bibliografia

AA.VV . - D.E.U.M.M., *Dizionario Enciclopedico Universale della Musica e dei Musicisti*, UTET, Torino 1983-84

AA. VV., *Capre, flauti e Re*, EDT, Torino 1997

AA. VV., *Il flauto dolce*, Ut Orpheus, Bologna 2000

AGRICOLA Martinus, *Musica instrumentalis deudsch*, (Wittenberg, Georg Rhau 1529), Georg Olms, Hildesheim 1969

ARTAUD Pierre-Yves, *La Flûte*, J. C. Lattes-Salabert, Paris 1986

ABHAY CHARAN DE BHAKTIVEDANTA SWAMI PRABHUPADA, *Il libro di Krishna*, Bhaktivedanta Book Trust, Roma 1978

BENADE Arthur H., *I tubi sonori. La fisica degli strumenti a fiato*, Zanichelli, Bologna 1966

BOEHM Theobald, *Della costruzione dei flauti e de' più recenti miglioramenti della medesima* (Schotts Söhne, Mainz 1847), G. Ricordi, Milano 1851

BOHLMAN Philip V., *World music*, EDT, Torino 2006

BORNSTEIN Andrea, *Gli strumenti musicali del Rinascimento*, F. Muzzio, Padova 1987

BRICCIALDI Giulio, *Il flauto ed i suoi moderni perfezionamenti*, Civelli, Firenze 1874

CARTE Richard, *A Complete Course of Instructions for the Boehm Flute*, Addinson & Hodson, London 1845

CASELLA Alfredo e MORTARI Virgilio, *La tecnica dell'orchestra contemporanea*, Ricordi, Milano 1950

CIRIACO Letterio, *Il flauto. Notizie storiche, tecniche, ar-*

tistiche ad uso degli studiosi, Scuola Tipografica "Boccone del povero" , Palermo 1920

COVIELLO Francesco, *Elementi di musica bizantina*, Loffredo, Napoli 1984

DAWSON Raymond, *Confucio*, Dall'Oglio, Milano 1982

FELICIONI Marco, *L'evoluzione del flauto traverso - dal traversiere allo strumento moderno*, Lulu Press, Raleigh NC (USA) 2013

GAI Vinicio, *Il flauto*, Berben, Ancona 1975

GANASSI Sylvestro dal Fontego, *Opera intitulata Fontegara*, Venezia 1535, Società Italiana del Flauto Dolce - Hortus Musicus, Roma 1991

HOTTETERRE Jacques, *I principi del flauto traverso, o flauto tedesco, del flauto a becco, o flauto dolce e dell'oboe* (Christophe Ballare, Paris 1707), Loffredo, Napoli 1989

LAZZARI Gianni, *Il flauto traverso. Storia, tecnica, acustica*, EDT, Torino 2003

LEDUC Alphonse, *Musique pour flûte*, LEDUC, Paris 1991

LEYDI Roberto, *L'altra musica, Etnomusicologia*, Universal Music Publication – LIM, San Giuliano Milanese (MI) 2008

LEYDI Roberto e GUIZZI Febo, *Gli strumenti musicali e l'etnografia italiana*, Libreria Musicale Italiana Editrice, Lucca 1996

PETRUCCI Gian-Luca, *Il flauto di Mozart*, FaLaUt, Pompei (NA) 2006

PRAETORIUS Michael, *Syntagma Musicum* (Elias Holwein, Wolfenbüttel 1619), Bärenreiter, Kassel 1958

QUANTZ Johann Joachim, *Saggio di un metodo per suonare il flauto traverso* (Johann Friedrich Voss, Berlin 1752), Libreria Musicale Italiana Editrice, Lucca 1992

RATTALINO Piero, *Sergej Prokofiev, la vita, la poetica, lo stile*, Zecchini, Varese 2003

RESCIGNO Eduardo - BASSO Alberto - GARAVAGLIA Renato, *Bach*, Fabbri, Milano 1980

ROCKSTRO Richard Shepherd, *A Treatise on the Construction, the History and the Practice of the Flute*, Rudall-Carte, London 1890

SACHS Curt, *Le sorgenti della musica* (Martinus Nijhoff, Den Haag 1962), Bollati Boringhieri, Torino 2007

SACHS Curt, *Storia degli strumenti musicali*, Arnoldo Mondatori, Milano 1980

SCARNECCHIA Paolo, *Musica popolare e musica colta*, Jaca Book, Milano 2000

TINTORI Giampiero, *Gli strumenti Musicali*, UTET, Torino 1971

TROMLITZ Johann George, *Metodo per suonare il flauto* (Adam Friedrich Böhme, Leipzig 1791), Carisch, Milano 1989

WOLLITZ Kennet, *Manuale del flauto dolce*, Longanesi & C., Zingonia (BG) 1966

RIVISTE E BOLLETTINI

The Flutist Quarterly (National Flute Association), MANN Rochelle, *Native American Flute*, n. 2, 2003

SYRINX (Bollettino Ufficiale dell'Accademia Italiana del Flauto), KUIJKEN Barthold, *Il solo in la minore di J. S. Bach* - n. 5, 1990

SYRINX, BOEHM Ludwig, *Breve biografia di Theobald Boehm* - n. 20, 1994

SYRINX, HÜNTELER Konrad, *Le variazioni su "Trockne Blumen" di Schubert* - n. 21, 1994

SYRINX, EHLICH Liane, *L'iconografia del flauto traverso nel Medioevo* - n. 28, 1996

SYRINX, BROLLI Marco, *Il flauto traverso basso nel XVIII secolo* - n. 41, 1999

SYRINX, BIGNARDELLI Maurizio / CARRERAS Francesco, *Strumenti dimenticati* - n. 42, 1999

SYRINX, ZARALLI Onorio, *La Partita in la minore* - n. 51, 2002

SYRINX, POMENTINI Andrea, *I primi flauti Boehm in Italia* - n. 60, 2004

Bollettino SIFTS (Società Italiana del Flauto Traverso Storico), *I repertori flautistici del XIX secolo* - n. 2, 1997

Bollettino SIFTS, *L'uso militare del flauto a tre buchi e tamburo* - n. 1, 1988

Bollettino SIFTS, LAZZARI Gianni, *Ritratti di flautisti italiani dell'Ottocento* - n. 1, 1999

Bollettino SIFTS, *Le musiche militari per flauto e tamburo* - n. 2, 1999

Bollettino SIFTS, *Lo stile del flauto militare nelle battaglie in musica* - n. 3, 1999

SITI INTERNET

Arab.it, http://www.arab.it

Flauto.tk flauto bansuri, http://web.flauto.tk

Folkers & Powell, http://www.baroqueflute.com

Wooden Flute, http://www.woodenflute.com

Larry Krantz, http://www.larrykrantz.com

www.ingramcontent.com/pod-product-compliance
Lightning Source LLC
Chambersburg PA
CBHW060420290526
45791CB00002B/835